習近平が中国経済にトドメを刺す時

日本は14億市場をいますぐ「損切り」せよ！

石平×渡邉哲也

Seki Hei
Watanabe Tetsuya

ビジネス社

はじめに　世界を幸福にする習近平の使命とは何か？　石平　——3

第一章　驚きのゾンビ中国経済

もくじ

習近平が
ゾンビ中国経済に
トドメを刺す時

はじめに　世界を幸福にする習近平の使命とは何か？　石平

二〇一九年二月から数回にわたって、経済評論家の渡邉哲也さんと対談することとなった。渡邉さんとは一〇年前からの旧友であり、さまざまなテレビ討論番組でも共演してきたのだが、中国問題や米中関係などについて膝を突き合わせて対談するのは初めてのことである。しかもそれは、中国経済の急減速や米中貿易戦争の熾烈《しれつ》化が増している最中での対談であるから、二人にとってはまさに有意義であり興味の尽きないものであった。

対談は冒頭から、私が中国国内の最新資料に基づいて、それこそ風雲急を告げている中国経済の現状を報告・分析したうえで、国際的視野を持つ経済専門家の渡邉さんの意見を伺うような形で展開されているが、それに対して渡邉さんは、常に経済史全体の観点から中国経済を捉え直し、世界経済や日本経済との関連において中国経済の抱える問題点をあぶり出していくのである。

もちろん、中国の経済問題だけでなく、政治問題や国際戦略など幅広く語り合っているので、きっと読者にとっても実りの多いものとなっていると思う。「経済史から見た中国」と「世界から見た中国」など、立体的・全体的中国像がそこから浮かび上がってきたのではないか。中国が今後いったいどうなるのかも、本書から見えてきているはずである。

それでは中国は今後いったいどうなっていくのか。世界にとって、あるいは隣国であるわが日本にとって、中国がどうなれば一番よいのか。実は、その難問に対してこの対談では一つの斬新《ざんしん》にして逆説的な結論にたどり着いた。

一四億の人口を有する大国の中国は、そのまま強大化して世界に向かって膨張すれば、それは近隣諸国だけでなく世界全体にとっての大いなる脅威であることは間違いないが、だからといって中国経済が崩壊して中国全体が無政府的な大混乱に陥っていくのも決して望ましいことではない。中国が経済的・社会的・政治的大混乱に陥って中国史上の大乱世にでも突入していけば、それは世界経済に測りきれない打撃を与えるだけでなく、億人単位の難民の大量発生や内戦の火の粉が飛び散り、日本を含めた近隣国に大きな災難をもたらしてくる危険性は十分にあるからだ。

ならばわれわれはどのような中国を望むべきなのか。少しヒントをいえば、それは当然、強大化しすぎないような中国、外の世界に向かって膨張しないような中国、難民と戦火を世界に「輸出」しないような中国こそが理想的であろう。そしてよく考えみれば、たとえば昔の毛沢東《もうたくとう》統治下の文化大革命時代の中国はまさにこのような「理想的な」中国であった。その時代、中国経済は取るに足らないほど弱小であって世界経済とほとんど何の関連性もない。中国国内は内部の権力闘争に明け暮れてはいたが、世界に対して大きな迷惑をかけたこともなければ難民が大量に流出したわけでもない。中国はほぼ完全な鎖国政策の下で自らを封じ込めて、いわば「引きこもり」の日々を送っていたのである。

このような状況の中国は、中国人民にとっての暗黒時代であるに違いないが、世界にとっては別に不幸でも何でもない。むしろ、中国と世界とが仲良く共存できる一種の均衡のとれた「よい状態」であるかもしれない。

ここまできたら、中国はもはや文化大革命時代の中国に逆戻りすることはないのではないかとも思われるが、実はいま、まさにこの至難の「大仕事」を自らの使命として請け負っていこうとする男がいる。中国共産党総書記であり国家主席の習近平《しゅうきんぺい》さんその人である。

現共産党政権において毛沢東並みの大独裁者となった習近平さんは、文化大革命時代の

中国に逆戻りするため、どのような政策を進めているのか。彼ははたして、世界が望むような方向へ向かってこの一世一代の大仕事を成し遂げることができるのか。それらの問題についてはこの対談本が縦横無尽に語り合っているわけであるが、具体的な内容についてはこれ以上はネタバレになるので読んでいただくほかはない。読者の皆様の楽しみをとっておくのである。

最後に、対談の相手になっていただいた渡邉哲也さんと、この対談企画を担当してくれたビジネス社の佐藤春生さんに心からの感謝を申し上げたい。そして、本書を手にとっていただいた読者の皆様には、ただひたすら頭を下げて御礼を申し上げたい次第である。

平成三十一年四月吉日
奈良市内、「独楽庵」にて

第四章　中国は巨大な北朝鮮たれ！

第五章　アメリカから「終身刑」を科された習近平

第六章　中国が恐れる「トランプ訪台」の可能性

第七章　もう完全にお仕舞いの韓国

おわりに

第一章

驚きのゾンビ中国経済

バブル崩壊を阻止し続けてきた計画経済

石平　渡邉哲也さんとはこれまでテレビ朝日からチャンネル桜まで数多くの番組にご一緒してきましたが、われわれ二人の対談は今回が初めてです。特に渡邉さんは経済に関しては専門家なので、深く切り込んでもらいたいと思っています。まずは中国経済の実態をどう捉えているのでしょうか？

渡邉　すでにバブル末期、つまり膨れ上がった資産価値が崩壊する時点、いわゆるミンスキー・モーメント状態になっていますね。こうした現象はさまざまなものに比喩《ひゆ》されてきました。たとえば世界最大級の債券運用会社ＰＩＭＣＯ（ピムコ）のビル・グロース会長は「プランクトン現象」と名付けています。海中のプランクトンが異常増殖して、結果的に赤潮を引き起こし、すべてが死滅、最初の状態に戻ってしまう。このように経済は必ず循環するのです。

　生まれたバブルは必ず弾ける。これが経済の鉄則なのですが、中国の場合、バブルが弾けるべきいくつかの局面で、弾けさせなかった。そう、計画経済を敷いているためです。

二〇一五年七月、中国の株式バブルが崩壊しました。そのとき流れに任せてバブルを弾けさせリセッション（景気後退）に突入すればよかったものを、中国政府はサーキットブレーカー制度を発動するなどして、株式市場をクローズした。その後も中国当局はPKO（株価維持政策）と為替介入で必死に防戦してきたけれど、もう限界でしょう。

中国の不動産に目を向けると、むろん地域差はあるにせよ、恐ろしいことになっています。住宅価格については深圳《しんせん》で年収の二八倍、上海・北京ではおおよそ二四～五倍ぐらいまでバブルが膨れ上がっています。一九八〇年代後半の日本のバブル全盛期の東京が一八倍程度でしたから、バブル膨張規模でいうと、日本のときの一・五倍から二倍近くになっている。

これが弾けるとなると、「半値八掛け二割引」だから約四分の一、そこからさらに二割程度落ち込む可能性が高いので、評価としては買い値の五分の一までクラッシュしてしまう恐れがあります。それが顕在化してくると、必然的に大量の信用不良者が中国国内で生まれる。同時に銀行もおかしくなる。実体経済にお金が回らなくなる。これらがすべて連鎖する形で起こる。

金融が大変調に陥り、銀行がおかしくなり、貸し渋り、貸し剝《は》がしが常態化し、まともな企業も行き詰まってしまう。中国においてはこういう共倒れの、連鎖型の崩壊が本来ならもうとっくに起きていても不思議ではないのだけれども、これが計画経済により、誤魔化し誤魔化し継続されているのが現状なのです。

経済成長により辛うじて確保してきた中国共産党政権の正当性

石平　まさに渡邉さんは中国経済の本質を突いています。どう考えても中国経済は危ないのに、中国政府がバブルを崩壊させないように必死で支えている。問題は、どうしてそこまでやらなければならないのかでしょう。

たとえば不動産バブルに関しては、二〇年前からバブルだとみなが認識していた。北京五輪後はさらにバブルに拍車がかかった。しかし、中国政府はこのバブルをソフトランディングさせる方向には向かわず、バブルをますます膨らませていきました。

なぜか？　一つは、中国共産党政権の正当性を経済成長によってでしか確保できなくなっていることがある。それも辛うじてですが。仮に経済成長が止まってしまえば、国内の

追加関税で対米輸出・輸入が激減

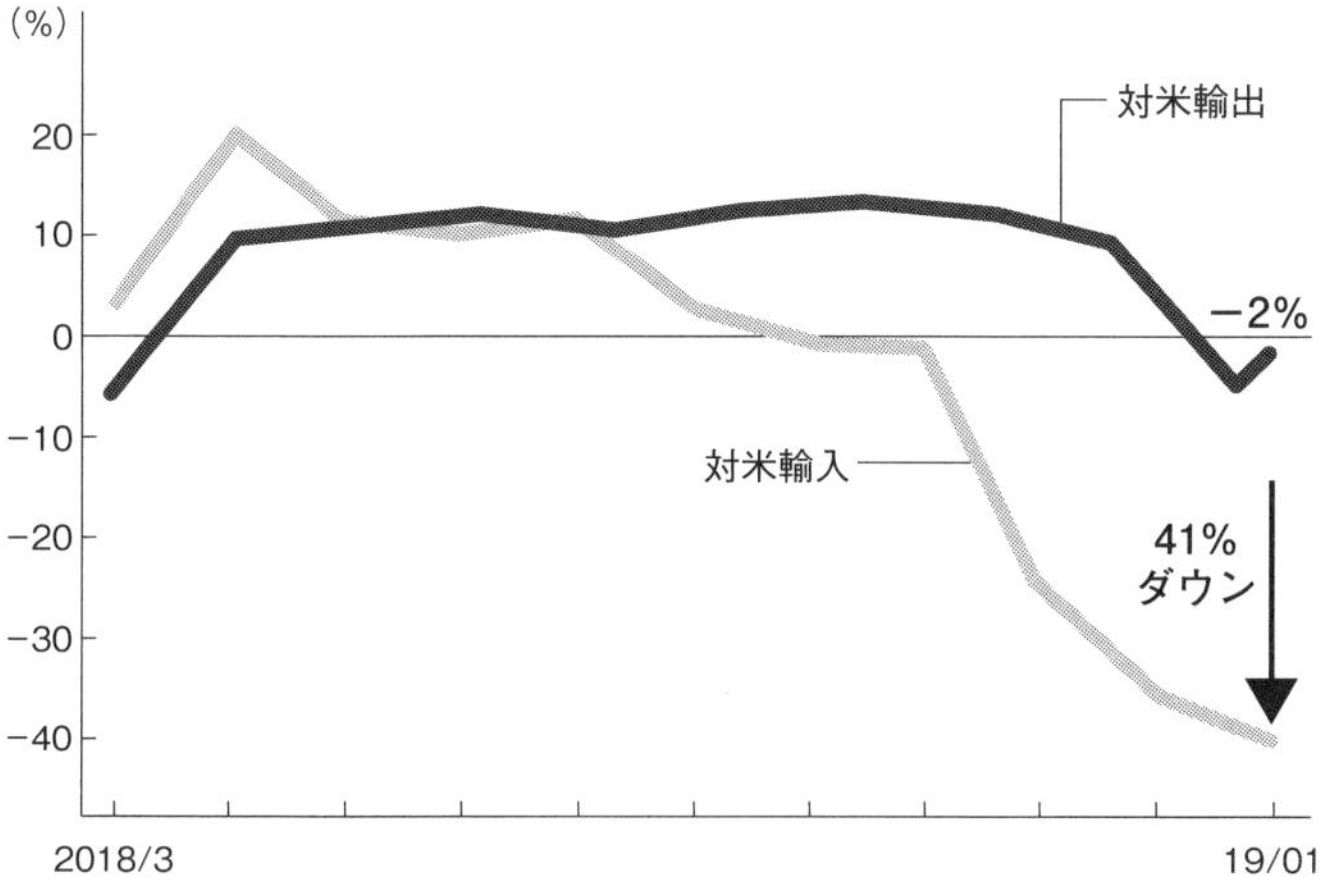

出所：中国税関総署、前年同月比増減率

失業は拡大、社会不安の高まりから、暴動が多発するのではないかと、常に中国共産党は怯《おび》えているのです。

それでは常に高い成長率を維持するにはどうすればいいのか。知ってのとおり、中国経済の決定的な弱点は消費が決定的に不足していることです。国内消費が冴えないなかで経済を成長させるためには、輸出の拡大が必要です。しかし、これまでの輸出拡大政策が現在の米中貿易戦争を引き起こしてしまった。

輸出拡大が望めないとなると、今度は投資の拡大で何とか経済成長を支えるしかありません。投資の柱となるのは公共事業と不動産です。実はこの四半世紀にわたり中国経済を支えてきたのは不動産業でした。

日本同様、バブルの輸出現象が起きた中国

渡邉　二〇〇八年に起きたリーマン・ショックの後、アメリカ経済が弱体化していくなか、中国は約六〇兆円もの公共投資を行っています。その六割から七割が不動産投資に向かいました。その不動産の値上がりによって中国経済が拡大した。それが中国の世界的な権限拡大につながっていった。不動産がバブれば、同時に物の値段が上がります。当然ながらそれに応じて賃金も上昇して経済規模もでかくなります。

これは好循環、正しい循環でした。けれどもその後、実体経済の伸びがどんどん落ちていってしまった。経済成長していくなか、不動産の価格の伸びと、国内経済の伸びが一致していればよかったのですが、不動産価格だけが突出して伸びて内需を呼び込むという歪《ひず》みが生じ、巨大なバブルをつくり上げてしまった。それがバブルの輸出という現象を生み出した。

その理由は、国内の不動産利回りが借り入れ金利よりも低くなってしまったからです。たとえば金利七％で融資を受けて不動産投資をしたのだけれど、購入した物件の家賃の利

回りが五%しかない。要は逆ザヤになってしまったわけです。これでは国内に投資しても意味がありません。

かつての日本も同様の構図でした。バブル末期には国内投資よりも海外の投資利回りのほうが儲《もう》かったので、投資資金はどんどん海外へ向かっていった。国内の投資先がなくなってしまった三菱地所がNYのロックフェラーセンタービルを買収し、世界の顰蹙《ひんしゅく》を買いました。ソニー、東芝、松下あたりも、アメリカのエンタメ企業を買い漁りました。当時はハワイの高級コンドミニアムの七割は日本人が持っていて、日本人同士で価格の吊り上げ合戦が起きていました。これがバブルの輸出現象です。

中国の場合、二〇一一～一二年ぐらいから起き始めています。中国人の海外旅行ブームが爆買いを引き起こし、次第に中国人による海外不動産の購入につながっていきます。これが一見中国が巨大化、チャイナマネーが世界を席巻したように見える大きな要因になった。

二〇一五年に中国で起きた株式バブル崩壊以降、中国政府は海外への資金流出を必死に抑えにかかりました。でも中国は「上に政策あり、下に対策あり」のお国柄ですから、地下銀行を含めてあの手この手で海外にチャイナマネーが流れて行った。

ただし二〇一八年、安邦（保険集団）、海航（集団）がおかしくなったあたりから、資金の逆流が起こり始めています。日本のバブル時を振り返ってみれば、三洋証券、拓銀、山一証券などが変調をきたし、同じような現象が起きていました。異なるのはその速度です。中国の場合、日本のバブル崩壊時に比べて二倍から三倍も速い速度で逆流しています。

この一九年間で一四・三倍に膨張した中国のマネーサプライ

石平　中国国内に話を戻すと、不動産業の繁栄は中国経済を力強く牽引《けんいん》しました。鉄鋼、金属、セメント産業など土木・建設に関する多様かつ膨大なニーズが生まれたからです。そうしたニーズに応えるために、ガムシャラに設備投資を行う。その結果、中国全土に住宅不動産、商業不動産が林立した。

不動産バブルを順回転させるため、言葉を換えれば、中国共産党の正当性を確保するため、プレーヤーである銀行、デベロッパー、投資家（購入者）に潤沢な資金を回さなければなりません。とにかく当局はバンバン札を刷って、中央銀行から市場に投入するしかない。一つの数字を申し上げると、二〇〇〇年に中国国内のマネーサプライはたったの一三兆元

（当時のレートで約一六九兆円）だったのですが、二〇〇八年には五〇兆元（当時のレートで約七四〇兆円）になっています。三倍です。二〇一二年には九七兆元（当時のレートで約一二三三兆円）。二〇一九年の一月には一八六兆元（約三〇六九兆円）です。つまり、二〇〇〇年から二〇一八年の一九年間で中国のマネーサプライは一三兆元から一八六兆元、一四・三倍に膨れ上がっています。

　中国の経済規模は現在、アメリカの三分の二程度でしょう。ところがマネーサプライにおいてはアメリカを完全に凌駕《りょうが》しているわけです。

渡邉　基本的に信用創造と言われるものは、形のあるものから生まれます。だから不動産を担保にお金を借りる。でも、それは頭金だけでいいわけです。二割の頭金があれば一〇〇%のお金が借りられる。

　これまで中国の不動産は凄《すご》いスピードで値上がりしてきた。もともと一〇〇〇万円の物件を二〇〇万円の頭金で買うと、短期間にその物件の価値が二〇〇〇万円になっている。そうすると、ここで一〇〇〇万円借りられる余地ができます。この借り入れの余地のお金を利用して、二軒目を買うわけです。

　二軒目を買ったときに、先刻述べたように利回りが出なくなると、海外に投資したり、またその家賃収入等で不動産を買ったりします。不動産の価値が上がると、さらにその上に乗るレバレッジドマネーという信用創造でないフェイク（偽物）マネーが何十倍にも膨れ上がるわけです。それにより不動産価値の二〇倍から三〇倍という形のないお金が生まれているのが現状です。不動産自身がそれだけ膨張していることから、その実体は誰にもわからないような状態になっています。

製造業を大幅に上回る四大銀行の個人に対する不動産融資

石平　中国当局はこれでもかというほど貨幣を発行していますよね。本来ならとんでもないインフレになっているはずなのに、そこまで異常なインフレにはなっていません。なぜでしょうか。過剰に発行されて流通している貨幣は、結局、不動産に吸収されてしまうからです。

もう一つ興味深い数字を挙げます。二〇〇八年から二〇一七年の一〇年間、中国の四大銀行（建設銀行、農業銀行、工商銀行、中国銀行）における個人向け不動産融資の累計はなんと六八・八兆元（約一一三五・二兆円）にも上っています。実は同じ一〇年間で四大銀行の製造業に対する貸し出しは四九兆元（約七五九兆円）にすぎない。要するに製造業に貸し出すよりも個人の不動産購買に対する貸し出しのほうがはるかに多い。これは明らかに異常でしょう。

渡邉　いま日本でも企業がお金を借りなくなっているので、銀行の住宅ローンへの比率は高まってはいます。でも中国の場合、それが投機目的に使われているところに大きなリスクがあります。

さらに言うと、危機感を抱く中国政府は不動産購入の際の頭金の割合をどんどん増やしています。そこで頭金の足りない部分をＰ２Ｐ（ソーシャル・ファイナンス）を使って借りたり、シャドーバンキングで調達している人が非常に多くなっています。ところが、この頭金を貸してきたＰ２Ｐがいまどんどん破綻《はたん》しています。だから、新規の不動産の購入ができないような状態に陥っている。

中国には一三億五〇〇〇万人しか住んでいないのに、一時、五〇～六〇億人分の住宅供給の計画がありました。なぜこんな異常な計画が認められるというか、こういう滅茶苦茶がまかり通ってしまうのかというと、中国の不動産業に地方政府が深く関わっているからです。

各地方には「地方融資平台《へいだい》」と呼ばれる地方政府傘下にある、資金調達とデベロッパーの機能を兼ね備えた投資会社が存在します。アメリカでいう投資ビークルに相当するものです。地方融資平台と地方政府と地方政府系の公的銀行とが三位一体になって不動産開発を行って、地方政府の収入にしていました。

中国では日本のように中央から渡される地方交付税のような仕組みはなく、基本的に地方政府は自前で稼いで上納しなければなりません。地方の政府系銀行は、地方融資平台への与信資金を、個人向けの理財商品を販売して投資家から集めていました。けれども、もともと収益性が低く、地方融資平台を介した不動産事業は行き詰まってしまうものがほとんどでした。

当然ながら、中央政府は何の面倒も見てくれず、地方融資平台と地方政府系銀行と個人投資家はにっちもさっちもいかなくなり、「鬼城《きじょう》（幽霊タウン）」と言われる未完成物件が中国全土にあふれているのです。

危機的水準にまで落ち込んできた中国の外貨準備高

石平　二〇〇〇年初頭、朱鎔基《しゅようき》首相の時代に税制改革を行った結果、地方財源はほぼ枯渇してしまいました。中国の税収のほとんどが中央政府に持っていかれることになったからでした。中国の一番の税収源は間接税です。中国では個人所得税はそれほど高くなく、大部分が間接税。日本で言えば消費税で、そのあらかたを中央政府に持っていかれる。それでは地方政府はどうやって食っていくのか。一つは不動産開発業者に土地の使用権を譲渡するわけです。

改革開放以来、中国の地方政府はこの土地財政にどっぷりと浸かることになります。ということは、地方政府も結局バブルを頼りにすることになった。各基幹産業も不動産バブルを頼りにした。経済全体の成長が不動産バブル頼みになってしまった。

中央政府もそのことは十分承知しているので、先刻ふれたように、とにかく野放図に札を刷ることで不動産バブルを支えてきた。すべてを支えているのは人民元札ということになる。中国という国家がつくり出した信用に対応してお札の価値が存在するわけですが、中国政府はあまりにも大量の札を刷っている。

札を刷らなければ経済が止まってしまうから刷る。そうすると常にインフレの恐れがつきまとう。そのインフレを吸収するためにまたぞろ不動産開発を行う。無理に無理を重ねた凄《すさ》まじい回転蟻地獄状態に陥っているという気がします。

そして中国のマネーサプライが異常に増えているもう一つの理由は、やはり外貨管理政策にあります。中国が獲得した外貨はすべて政府が管理しています。要は、中国企業が外国に物を売って得た外貨は中国企業には入ってこない。すべて政府が取り上げ、それが中国の外貨準備高にカウントされる仕組みになっています。

しかしその代わりに、中国企業は獲得した外貨に相当する人民元を政府からもらう。ということは、中国の輸出が増えれば増えるほど国内で発行される人民元も増えるわけです。

渡邉　中国の場合、石平さんがいま言われたように、外貨準備のなかに国有銀行が保有する企業の外貨なども含まれています。本来、外貨準備は政府と中央銀行のみが持っているものと限定されています。ところが中国は違っていて、国有銀行が保有している企業のドル決済預かり金や企業のドル預金なども外貨預金として計上しています。これは標準的な国家では許されないことですね。

二〇一四年には三・六兆ドルあった中国の外貨準備はいま二・八兆ドルに落ち込んだとされています。この二・八兆ドルのうち米国債は一・一兆ドル程度しかなくて、あとは何を持っているかは非公表という状況です。

中国の銀行が海外の銀行から借りている金額が一・六兆ドルで、そのうち三カ月以内に満期が来る短期債務が一・一五兆ドル。つまり保有する米国債の額と短期債務の額がイコールになってしまっている。かつてJ・P・モルガンが中国の外貨準備がどの程度になったら危機的水準かという試算を行った。それが二・六兆ドルでしたから、危機的水準に非常に近いところまで落ちてきたことになります。ちなみに日本は同じく一・一兆ドルの米国債を保有していますが、そのほぼすべてを政府が使えます。

不動産バブルの人質になっている中小零細企業

石平　不動産バブルの話に戻ると、中国人は目に見える財産しか信じないわけですよ。それで不動産ブームに乗って、二軒目、三軒目を買い込んできた。銀行が貸し渋れば、頭金はシャドーバンキングから調達するのが普通です。

二〇代の若者たちも家を買っています。彼らは一人っ子世代だから、頭金は両親が出してくれる。だいたい中国では家がなければ嫁が来ない。それは困るから競って不動産を買うと、物件価格が上がる。物件価格が上がれば、さらに買いが進んで投機になり、べらぼうな価格になってしまった。結果的に中国の不動産価格は東京やニューヨークをはるかに超えています。

最近出た数字によると、中国国内の不動産価格の総額は六五兆ドル（約七三一一・五兆円）になったといいます。これはアメリカとEUと日本のGDPを合わせても足りない数字です。

渡邉　これまでは個人の話ばかりでしたが、中国企業も日本でいうところの「財テク」を行っています。中国企業も投資先がないので、一般経済に投資せずに、不動産に投資しているわけです。

石平　そうそう。特に中小零細企業が多い。中小企業はお金を儲けたら、まず拡大再生産はやりません。もとより技術開発みたいな面倒なことはしません。たいていの中小零細企業は主人が会社を運営している。安い労働力を使って、モノをつくって、売って、それで儲けたお金は奥さんが財テクに励む。実際には不動産を買う。場合によっては一年間に稼いだ会社の利益よりも、奥さんの不動産利益のほうが大きい。そうなると会社の利益も不動産購入に投じてしまう。

中国経済の減速により、いま大半の中小企業は資金繰りに難儀しています。その際には保有不動産を一軒、二軒と処分して、なんとか会社を維持している。そんな話をよく聞きます。

渡邉　中国の銀行は共産党幹部を除いて、基本的に担保がないと融資しません。日本の銀行と違い、政府による保証もありません。

ただその代わりに「相保証」システムが機能しています。借り入れをする際、A社の社長がB社の保証人になり、B社の社長がA社の不動産購入の保証人になるという保証契約です。さらに三人が互いに保証人になることを「共保証」といいます。まあ手形のキャッチボールみたいなものです。苦肉の策ですが、これらも中国の景気悪化から破綻し始めています。

石平　それがかなり深刻な問題となって浮上してきています。相保証、共保証は中小企業の大半が不動産バブルの人質になっていることを表しているのです。

内需圧迫の元凶となる過度な不動産ローン返済

石平　ここまでの話を総括すると、中国において史上最大の金融バブルのなか、史上最大の不動産バブルが膨れ上がり、時価総額は六五兆ドルにも嵩《かさ》んでいる。それを支えているのが二軒目、三軒目の住宅を無理して購入する一般人で、彼らは「不動産価格は永遠に上がり続ける」という不動産神話、政府の甘言を信じている。

物件価格が上がり続ければ、座っているだけで自分の財産が毎日増えるでしょう。私の親戚にも結構そういう人が多い。財産といえば不動産なのです。統計によると、中国人の資産の七割以上が不動産で、金融資産が極端に少ない。したがって、不動産価格が暴落すれば、他国とは比較にならないほどの衝撃を受けるのは必至です。

渡邉　中国の場合は日本と違い、国家がすべての土地を所有していて、個人の土地に対する所有権はありません。それを使う権利、土地の使用権だけが認められている。上物にしても、長くて五〇年償却です。中国のでたらめ建築で何年持つかという問題もあります。

石平　中国経済は不動産に支えられている。その不動産が金融バブルにより支えられて、不動産を買う人は投機のために買っている。しかし、投機のために買っている不動産（土地）は自分のものにはならない。さらに上物（建築物）の耐用年数はどれぐらいあるのかわからない。

多くの人々は不動産という資産を持っているものの、客観的に見ればみんな一種の共同的幻想を抱いている。それは砂上の楼閣のようなものではないでしょうか。

その砂上の楼閣が世界第二の経済大国の経済を根底から支えているわけです。先にちょっとふれたけれど、中国政府が不動産バブルで何とか経済成長を維持しようとしてきた背景には、内需不足という決定的な理由が横たわっている。ところが、中国政府が不動産バブルにすがればすがるほど、不動産バブルが膨らめば膨らむほど、ますます中国の内需が圧迫される。

国民家計の貯蓄のほとんどが不動産ローンの返済で消えてしまうからです。親頼みの若者夫婦がマンションを一軒買えば、両方の両親の貯蓄がその頭金の捻出《ねんしゅつ》で消えてしまう。残ったローンを若い夫婦で返済していく。二軒目、三軒目を買うなら、さらに消費の余裕がなくなっていく。

最初は金持ちが争って不動産を購入した。ある程度行き渡ると、中間層が購入し、最後は低所得者層が購入し出した。低所得者層にしてもメインが三〇代、四〇代だったのが、次には二〇代、大学生までが不動産を購入するようになりました。なんだか二〇〇七年頃にアメリカで問題になったサブプライムローンと同じ構造のようですね。

渡邉　サブプライムは通常のローンを組めない低所得の人たちのためのローンでした。

北戴河会議で習近平降ろしの声が出なかった本当の理由

石平　香港上海銀行（HSBC）によると、中国の二〇代の若者の平均負債額が一人当たりで一二万元、日本円にして二〇〇万円程度ということで、若者までもが借金漬けとなっています。渡邉さん、解決策はあるのでしょうか？

渡邉　あります。中国がハイパーインフレを起こしてしまえば、借金は実質上消えてしまいます。やり方としては、中国が人民元の変動を一定の範囲に制限する「管理通貨制度」を廃止して、完全な「変動相場制」に移行すればいいのです。人民元は暴落に次ぐ暴落で、輸入物価が暴騰して、国内のインフレーションが激化します。

たとえば年間で一〇倍のインフレが起きると、一〇〇万元の借金が一〇万元の価値に減額する。中国のようにここまで借金が膨らんだ国は、おそらくそうやって消していくしか手はないのだと思います。

中国の地方政府の債務が二八〇兆円、簿外で六五〇兆円以上、合計九三〇兆円。国債の発行残高が七一四兆円と急激に膨れ上がっているんですよね。人民元建てなので、なかったことにできないわけではないですが――。

石平　それも含めて、経済の専門家である渡邉さんとしては、ここまで追い詰められた中国がどう動いていくか、いくつかの展開を予測してくれませんか。

渡邉　おそらく昨夏の北戴河《ほくたいが》会議（避暑地北戴河で指導部と長老らが国政の重要課題を討議）において中国の長老たちから習近平降ろしの声は出てこなかった。どうしてでしょうか。すべての責任を習近平国家主席に押し付けたいのが、長老たちの総意であったと考えられます。

なぜなら、西側から非難を浴びている南シナ海の人工島開発、第二次不動産バブルもすべて習近平体制になってから起きているわけですからね。

やがて現代版「下放」が始まる

石平　不動産バブルがいよいよ最終局面を迎えるのではないかと私は思っています。たとえば、中国国内の空き家が五〇〇〇万軒に上っているという数字がある。また日経新聞の報道では、万科《ばんか》はじめ中国の大手デベロッパー二〇社が二〇一八年七～九月に新規取得した総面積が前年同期比で六割強も減っているとのことです。

デベロッパーが土地を買うのを躊躇《ためら》っているのは、今後大きな需要が見込めないと判断しているからにほかならない。あるいはデベロッパーの資金繰りがそうとう苦しくなっているのだと思います。

渡邉　中国政府としては不動産バブルを拡大し続けないと経済成長がままならない。そこで国有銀行に対して企業に金を貸せという命令を出しているのですが、国有銀行はあの手この手を使って貸さないでいます。これ以上不良債権を増やさないためです。借り手はいるのだけれど、借り手の条件を満たすところがない。〝借り換え〟のための資金調達しか存在しない。これが現状です。

石平　さらに日経新聞の二月一六日版は、中国の住宅大手四社の一月の販売額が前年同月比で三割減、変調をきたしていると報じています。明らかに需要が頭打ちになっていて、今後は価格の下落が待ち受けている。要するに中国経済のすべてを支えてきた不動産バブルが崩壊する赤信号が点滅しているわけです。こういうとき中国人の行動は素早い。一斉に手持ち不動産を売りに出す。不動産価格が暴落するのは火を見るよりも明らかです。

渡邉　ただし、中央政府はすでに手を売っています。不動産価格の暴落を防ぐため、デベロッパーに対して不動産物件の安売りを禁じる「行政指導」を行っているとの話が伝わっています。だから不動産価格は簡単には下がりません。

石平　政府の禁売令、あるいは値下げ禁止令が本格化すれば、不動産市場はどうなるのでしょう。想像できるのは、値下げ禁止だから誰も売らない。売らなければ投機ができないから誰も買わなくなる。

中国の投機ニーズが消えれば、鉄鋼、セメントをはじめとするすべての不動産関連産業は死ぬだろうし、地方政府はほとんど破綻するだろう。ということは、中国の市場経済はそれで終わりとなる。

渡邉　不動産の価格は高いけれども売ることができないなら、ローンを抱えている人たちは困窮します。ＡＩ監視社会、つまり究極のデジタル全体主義国家を目指す中国は、二〇二〇年までに国民全員がスコアリングされることになっています。国民一人ひとりのデータ、学歴とか年収とか職種とか、そしてローンの返済歴などがすべて中央政府に掌握されるのです。

たとえばローンやクレジットカードの返済ができなかったり遅れたりすると、信用不良者と認定され、携帯電話すら購入できなくなるわけです。

そうすると中国みたいに携帯電話の決済が広がっている国では「死ね！」と言われているに等しい。したがって、今後大量に生まれてくるローン破綻者は都市部で生きていくこともできず、田舎に帰るしかありません。現代版「下放《かほう》」が始まるわけですね。

石平　すでに下放は実質的に始まっていて、実は二〇一八年に五〇〇〇万人以上の人間が都市部を離れて田舎に帰らざるを得なかったと報じられています。

開かれなかった昨秋の「四中全会」

渡邉　ところで三月五日、中国の国会にあたる「全国人民代表大会（全人代）」が開幕しました。周知のとおり、中国において政治は共産党が政府の上に存在し、共産党の決定が政府の決定となります。

そのため、五年に一度開かれる共産党大会が一番の意思決定機関であり、五年では期間が長いのでその間に開かれる「中国共産党中央委員会全会」（中全会、四〇〇人程度が参加）で毎年の方針を決めます。また、日本の閣議決定にあたるのが「中国共産党中央政治局常務委員会」です。

ところが、一八年の秋に開かれるはずだった「四中全会」が開かれませんでした。そのため今回は党の承認がない形での政策公表（全人代）になっています。

これには複数の理由があり、米中貿易戦争が激化し、バブルの崩壊が危惧《きぐ》されるなか習近平国家主席への辞任圧力が強まっており、四中全会でクーデターを起こされるのを恐れたのではないかと言われています。一党独裁であっても、中全会では、党が政策承認する会議であるため、承認の決を採るわけです。この際に弾劾決議が出ることを恐れたのではないかという話です。

救われるのは国有企業のみである

渡邉　この全人代において、習近平政権は以下の景気テコ入れ策を発表しています。

①付加価値税である増値税の引き下げ（一六％→一三％）。

②雇用の八〇％を占める中小企業向けの減税。

③年金など社会保障費の企業負担の引き下げ。

減税の総額は二兆元（約三三兆円）。リーマン・ショック後の四兆元（六六兆円）の半分ですが、一方で特別地方債の発行限度を年二・一五兆元（三六兆円）に増やしているので、かなりの大盤振る舞いです。ちなみに二〇一九年一月の地方債の発行額は四一八〇億元（六・九兆円）。

④家電の販売に対して八％から二五％の補助金を支給する（一九年一月から三年間）。

この景気テコ入れ策が奏功するかどうか。ただ足元を見ると、景気減速に歯止めはかかりそうもありません。

石平　ええ、国内の消費が猛烈に冷え込んでいます。一八年のスマートフォンの出荷台数は前年比で一〇%も落ちてしまった。車の販売台数は住宅と並び、耐久財の代表的なものですが、一八年は二八年ぶりにマイナス二・八%を記録しました。一九年に入るとその減速ぶりが際立ってきて、一月は前年同月比で一五・七%の減少（中国自動車工業会）、二月は一三・八%減少で、リーマン・ショック時以上の落ち込みを見せています。

メーカー別ではGMの二五%減（二〇一八年第4四半期）が目立っています。中国国産メーカーでは吉利《ジーリー》がひどくて、一八年一二月の販売は前年比四四%減と悲惨そのものでした。

渡邉　次章で詳しく取り上げますが、日本の貿易統計を見ても、中国向けの輸出が凄まじく悪化していて、建設機械と製造機器のダメージが凄い。つまり設備投資が行われていないのと同時に、建設が完全に止まっているような状況なのです。中国当局が発表する数字はまったく信用できないのですが、たとえば日本からの輸出であるとか、そういう数字は相手があるので信用できるわけです。

石平　一八年一二月、中国人民大学の教授が「重要な機関の研究チームが一八年のGDP成長率を一・六七%かマイナスと内部試算した」と語り、国内外が騒然となりました。名目上の実質成長を国債金利が下回っている限り国家は破綻しないという理屈がドーマーの定理として知られています。これに当てはめてみると、中国の一〇年物国債金利が三・二

%であるのに対し、経済成長率が一・六七%ならば、明らかに財政破綻状況に陥っているということになる。

渡邉　本来はそうなった場合に金利を経済成長率以下に調整すればいいのですが、中国の場合はできない。ここまでバブっている経済を金利調整でさらに利下げしたら、確実にハイパーインフレが起きてしまうからです。

中国の金融当局は一八年から緩やかに引き締めに入る予定だったけれども、予想外の米中貿易戦争で再拡大せざるを得なくなり、再び人民元札を刷り始めた。ところが、そのほとんどが借金の返済に回っているだけなのです。

さらにひどいのは配分の問題です。民間企業が中国経済の六割程度を支えているのに、銀行融資の八割が国有企業に向けられている。だから今後も民間企業はどんどん切り捨てられて、効率の悪い、生産性の低い国有企業が救われていくはずです。本来は国が救済する国有企業は後回しにして民間に融資すればいいものを、銀行側はリスク回避で、国が補償してくれるだろう国有企業にしか貸さないわけです。

他の国ではあり得ない中国だけの〝特殊〟な外貨準備

石平　中国の国有企業の負債が一〇八兆元にのぼると、一八年六月に中央政府が公表しています。日本円にしたらおおよそ一八〇〇兆円で、日本のＧＤＰの三年分超に相当する数字です。

渡邉　リーマン・ショック時の国際的なレバレッジのかかったマネー総額は六京円とか七京円とか言われていました。それから比べれば大きくはないですが、とんでもない数字には違いない。中国の場合、そうした負債がどういう形で片付くのかがまったく見当がつきません。未知の領域なのですよね。

ただ、中国国内では人民元さえ刷ればなんでも片付くのだけれど、外国との関係においてはこれが成立しないわけです。つまり、国の破綻原因は「対外債務」なのです。いくら国内で借金が膨れ上がっても破綻はしないが、通貨危機が起きると国は破綻してしまう。

モノを輸入できなくなるからです。中国は人民元であればいくらでも刷れるけれども、ドルは刷れません。ドル建ての借金に詰まると、あるいは外貨建ての借金に詰まると、破綻に導かれていく。ただし、中国は特殊な国なので、いま通貨危機が起こる条件が揃っているかどうかの判断が難しい。

たしかにいま中国の外貨準備はギリギリの状況になっている可能性が高いです。ところが、一党独裁国家の中国は他の国ではあり得ない〝特殊〟な外貨準備があります。このところ中国政府は、中国の企業が海外で買った不動産や事業をすべて売却せよと命じていますよね。その売却金が見えない外貨準備になってくるわけです。

すでに破綻状態にある海航（集団）、安邦（保険集団）、エンタテインメント事業の万達《ワンダ》あたりは過去に買収した海外企業の株式を売って現金化して、外貨準備に組み込み、通貨防衛に使っています。あるいは、中国人富裕層が持つ海外資産を強制的に売却させて現金化し、それを海外への支払いに充てています。

これには一つ大きなポイントがあります。非居住者に関する金融口座情報を各国の税務当局間で自動的に交換するための国際基準「共通報告基準・CRS」が設けられ、二〇一八年九月末までに、CRSに基づく国際的な租税情報交換が行われたのです。日本にいる外国人と外国に住む日本人の税務情報や資産情報を当局同士で交換、これに中国も加入した。だから、中国人が日本やアメリカで買った資産について中国政府はそのすべてを把握できるようになったわけです。

それで中国人女優の范冰冰《はんひょうひょう》は脱税容疑で一四六億円もの巨額の罰金を科されたのですが、こんなものは氷山の一角で、これから中国政府は中国人が不正に移した海外資産をすべて洗い出して没収していきます。

いまから三年前ぐらいのＣＩＡの調査では、中国人がアメリカに移した資産額は三・八兆ドル（約四二七・五兆円）と言われています。そのうちどの程度が不正に移されたものかはわからないけれど、仮に中国国籍のままの中国人が資産を移転していれば、当然ながら中国当局による新たな虎狩りが始まるでしょう。

次のターゲットは日本企業をはじめとする外資企業

石平　まずは民間の富裕層と民間企業をターゲットとしてドルを捻出させる。理由は何だっていい。叩けば埃《ほこり》の出ない人などいないのだから、ぎりぎりまで搾り取るはずです。それにしても嫌な感じがするのは、ネット企業の著名経営者たちが共産党に〝忠誠〟を誓わされていることです。

一八年、騰訊控股（テンセント）の馬化騰《まかとう》CEOや京東集団（JDドットコム）の劉強東《りゅうきょうとう》CEOが毛沢東ゆかりの地である陝西《せんせい》省延安市を訪れ、紅軍服姿で共産党施設を巡ったことが注目を集めた。これはいまや共産党にひれ伏し忠誠を誓い、恭順の意を示さなければ、民間の経営者は完全に抹殺されてしまうという現実を中国全土に知らしめた事件でした。

実は習政権は、民間企業家をターゲットとする富の収奪を展開する前から、民間企業家の財産を奪うための「私有制の消滅」についての理論武装をすでに始めていたのです。

たしかに私有制の消滅は共産主義思想の理論的到達ではあるとはいえ、鄧小平《とうしょうへい》の改革開放以来、中国共産党はずっとこの理論に対する言及を避け、「私有制の消滅」などについては沈黙を守ってきました。社会主義市場経済において私有企業の存在を認めている以上、私有制度の消滅云々はあまりにも都合が悪いからです。

でも、ここにきてカネ詰まりとなり、いよいよ背に腹は代えられなくなり、ついに本音を表した格好です。国内の富裕層と民間企業の身ぐるみを剝がした後、政府による富の収奪のベクトルはどこへ向かうのか。当然ながら、国内の外資企業へと向かう。だから、いまだに中国から脱出していない日本企業はその餌食《えじき》となるはずです。

渡邉　あとで話題になるかもしれませんが、日本企業の多くはなかなか損切りができませんからね。損切りで思い出したのが、中国政府系投資企業のＣＩＴＩＣ（シティック・キャピタル・ホールディングス）に六〇〇〇億円出資した伊藤忠商事です。その伊藤忠が一八年の決算で、一四〇〇億円の特別損失を出しました。中国ビジネスに入れ込んでいる伊藤忠は中国のデータベースを膨大に持っています。この一四〇〇億円の特損計上が何を語っているのかといえば、伊藤忠自身が六〇〇〇億円出資した不動産の価値が二五％程度毀損《きそん》したと判断したことです。

東西に分断されるマーケット

渡邉　現在、アメリカは欧州との貿易交渉にあたり「中国をターゲットにしたポイズンピル（毒薬条項）」を条件としています。アメリカと付き合うか、それとも中国と付き合うか、どちらかに決めろと迫っているわけです。その典型がファーウェイであり、次世代の通信技術であるのでしょう。また、一帯一路への参加についてもその一部であるのだといえます。

欧州ではドイツがファーウェイ排除に対して煮え切らない態度を示しています。イタリアに至っては三月末、一帯一路への協力に関する覚書に先進七カ国で初めて署名、対中戦略で結束しようとする欧米に対し中国がくさびを打ち込んだ格好です。このように中国はイタリアなど財政的に弱い国をターゲットにする形で、欧州の切り崩しを始めました。これはアメリカの一方的な攻撃から反撃に出たということを示します。しかし、この反撃はアメリカ側の不満を増幅し、結果的に米中の貿易交渉には悪影響を与えると思われます。現在、米中では貿易協議が行われていますが、まだまだまとまる状況にはなく、米中ともにカードを出し合っている状態です。

アメリカは強硬です。もしファーウェイを採用するならば、軍事的な情報網であるアメリカとのデータリンクを切るとしており、工業製品の貿易協議もまとまらない状態になりつつある。これは従来にはなかった駆け引きであり、世界の〝分断〟を象徴するものになっています。

これはまるで、第一次世界大戦や第二次世界大戦の枠組みづくりを彷彿《ほうふつ》とさせるものと言ってよいでしょう。貿易戦争や経済戦争も新たな戦争の形であり、勝ち組に回れるかが国家の命運を決めるわけです。

いまの米中貿易戦争はある意味、価値観の戦いであって、最終的に中国マーケットを冷戦構造下まで戻す、改革開放前までに戻す動きなのだと私は思っています。ですから、製造業のワールドサプライチェーンから中国をどんどん外していく。結果的にファーウェイの扱いを見てもそのとおりですが、中国を核とする市場とアメリカを核とする西側市場とに分かれる。

いまはそうしたセパレート作業の過程にあるのです。同時に、先刻もふれたけれど、いま中国にはお金がなくて、海外に持っている資産を売却し始めています。売却が進むほど金融市場も中国から切り離されていき、結果的に中国は改革開放前の状況にリバースしていきます。そうなると中国に関する輸出や輸入という考え方そのものが成立しなくなるわけです。

中国が一帯一路で外貨を集めようと必死になっているのは、西側市場から切り離されることを想定している証です。旧東西冷戦状況の再来を予測した動きでもあるのです。

石平　なるほど。旧ソ連が共産主義圏で経済を回したのと同様、中国は自分たちの経済圏をつくり出して、そのなかで経済を回していくつもりなのですね。

渡邉　だから、上海協力機構という中国・ロシアを中心とした経済会議の結束がここに来て強まっています。おそらくファーウェイの次は半導体が焦点になってきて、ココム、対共産圏輸出規制が復活するはずです。東側と西側のマーケットがきれいに切り離されていく。そうなれば、中国のバブルが弾けても、西側諸国は影響を受けないで済みます。

第二章

すでに中国のバブルは弾けている

一・六七％に過ぎなかった二〇一八年のGDP成長率

渡邉　中国の負債に関しては、各中央銀行が提出するデータを元にＢＩＳ（国際決済銀行）が四半期ごとに発表する数字（主体別負債）に頼るしかありません。この一〇年間で中国の各部門の負債が恐ろしい勢いで膨張してきたことが一目瞭然《りょうぜん》です。とりわけ企業部門のＧＤＰの一八三％という数字は異常に映ります。

石平　二〇一八年末、世界の耳目を集めたのが中国人経済学者の向松祚《こうしょうそ》・中国人民大学国際通貨研究所副所長、その人でした。向氏は中国著名のマクロ経済学者。かつては国有銀行である中国農業銀行の首席経済学者であったから、彼の立場は中国で言えば、「体制内知識人」であり、政府に近い経済学者なのです。

　その向松祚氏が一八年一二月九日、中国人民大学校内で催された経済フォーラムにおいて講演を行いました。そのなかで彼は冒頭から中国の経済成長率の話題を持ち出して、その衝撃的な実態を暴露しました。中国の実際のＧＤＰ成長率が決して政府公表の六％台ではないというのです。向氏によると、ある「重要機構」に所属する研究チームがまとめた内部報告書では、中国の実際の経済成長率はわずか一・六七％でしかなかった。すでに成

【リーマン危機以降の中国の主体別負債:2年毎:BIS:単位10億ドル】

年数	中央政府	世帯部門	企業部門	合計	名目GDP
2008年	1,152	757	3,928	5,837	4.6兆
2010年	1,749	1,359	6,429	9,537	6,1兆
2012年	2,646	2,227	9,919	14,692	8,6兆
2014年	3,697	3,312	14,096	21,105	10,5兆
2016年	5,021	4,706	18,020	27,817	11,2兆
2018年	6,428	6,129	22,052	35,109	12,0兆
GDP比	54%	51%	183%	293%	
円換算	707兆円	674兆円	2425兆円	3862兆円	1320兆円
増加率	5.3倍	8.0倍	5.6倍	6.0倍	2.6倍

(注)2018年の負債は、2018年3月末のもの。

長率がマイナスとなっているとの試算も別途にあったとも言及したのでした。

もしそれが本当であれば、中国経済はすでに深刻な大不況に陥っていることになるのですが、同時に、これまでの中国経済の実績に対してもわれわれは大いに疑義を呈さなければなりません。過去にもこのような数字の水増しが続いていたのであれば、「中国は世界第二の経済大国」という常識は覆されるからです。

渡邉　だからこそ、この向松祚発言が明るみに出ると、ただちに国内で大きな反響を呼び、海外でも広く知れ渡りました。石平さんも一八年一二月二七日付の産経新聞で連載中のコラムで取り上げて大変な注目を集めましたよね。

GDPの六倍以上に膨れ上がった国内総債務

石平　さらに今年一月二〇日、上海で開催された「二〇一九中方信富戦略発表及び闘牛財経金牛盛典」というフォーラムで向氏は再び注目の講演を行い、内外から注目を浴びました。ここではその中身について詳しく見ていきたいと思います。

講演のなかで彼はまず、二〇一八年における中国経済減速の原因について論じ、三つの国内要因と一つの国外要因を取り上げています。三つの国内要因とは、①政府の金融引き締め策による企業の資金難。②企業負債の膨張。③「私有制消滅」などの国内の「雑音」である。そして国外の要因はやはり米中貿易戦争であると示しました。

向氏は②「企業負債の膨張」について、単刀直入に語りました。これまでの経済成長の過程で、中国国内企業が主に行ってきたのは、生産性を高めることで利益の増大を図るといった正当な経営手法ではなかった。もっぱら銀行から借金、あるいは債券を発行してむやみに規模拡大を図る経営を続けてきた結果、「債務の膨張」を招いてしまったのだと。

渡邉　債務の膨張を招いたのは企業だけではありません。政府も個人もみな膨大な負債を抱えています。たしかこの講演で、向氏は元首相の朱鎔基氏の子息で現在、中国国際金融有限公司総裁の朱雲来《しゅうんらい》氏の出した数字を引用して、「国内全体の総負債額は六〇〇〇兆元（約九九〇〇兆円）に達している」可能性があると言及していました。

この数字は事実であれば驚くべきものです。二〇一八年の中国のGDPは九〇兆元（約1485兆円）と発表されていますが、六〇〇〇兆元はその六倍以上。一国の国内総負債額が国内総生産の六倍以上に達しているとはまさに世界経済史上前代未聞といえます。

言ってみれば、中国の経済成長は「債務膨張」という砂上に立つ楼閣そのものです。

石平　今後の中国経済がどうなるかに関して、向氏はかなり悲観的な見方を示しているのですが、そのなかで私が特に注目したのは以下の二点でした。

一つは、二〇一九年の中国の株価についてです。彼は中国の上場企業の大半があまり多くの利益を上げていないこと、中国経済全体が低迷することなどを理由に挙げ、今年の株価は落ちることはあっても上昇に転じる可能性はまずないと分析しています。場合によっては、上海総合指数は二〇〇〇ポイントを下回る可能性もあると示しています。

もう一つは、当然ながら不動産市場の動向です。中国国内の不動産時価総額はすでに六五兆ドル（約七三一〇兆円）に達しており、それは米国・日本・EUを合わせた不動産時価総額六〇兆ドル（約六七五〇兆円）を超え、不動産バブルは極まっていると向氏は指摘しています。併せて、向氏は中国のバブルは「集団的幻覚」の上に成り立っており、その幻覚がいったん崩れると、バブル全体が一気に崩壊してしまう危険性があると、警鐘を鳴らしています。

私有企業の経営者たちをパッニクに陥らせた「私有制消滅」論

石平　実はこの講演のなかで、経済に関する話以外に、もう一つ大いに注目すべき部分がありました。それは経済問題とも関連する政治批判の部分でした。前述のように、彼は二〇一八年の経済減速の原因として三つの国内要因を挙げています。そのうちの一つは、③「私有制消滅」などの国内の「雑音」でした。

日本ではほとんど報じられなかったのですが、一八年、「民間企業は表舞台から退場すべきだ」とか「私有制を消滅させよう」など計画経済移行期における民間企業の〝公有化〟

を思わせるような言説が中国社会に出回っていました。向氏は講演でこれを大きく取り上げ、こうした言説の流布が私有企業（民間企業）の経営者たちを恐慌状態に陥らせ、彼らの経営マインドを打ち砕き、結果的に中国経済の大減速につながったと強調しました。

具体的には、二〇一八年一月に中国共産党機関誌の『求是』が掲載した周新城人民大学マルクス学院教授の論文であると、向氏は指摘しています。同論文は「私有制を消滅させることは共産党の〝党是〟」としたうえ、自由主義派と見られている張五常《ちょうごじょう》、呉敬璉《ごけいれん》の両著名学者を「社会主義に国有企業（国企）は不要と吹聴し、国企は潰《つぶ》すべきだといった過激な主張をしている露骨な反党・反社会主義新自由主義分子」と名指しで批判しているものです。

論文の掲載誌の『求是』は中国人なら誰でも知っているように、それは普通の雑誌ではありません。中国共産党の機関誌であり、党中央の考えを代弁しているものです。したがって、「私有制消滅」を公然と唱えるこの論文の発表は当然、国内の一部では習近平政権の私有企業に対する「宣戦布告」だと理解されていて、それこそ私有制の代表格である私有企業の経営者たちがパッニク状態に陥ったのも当然の成り行きでした。

そして習近平自身も二〇一八年五月、人民大会堂にて「マルクス生誕二〇〇年記念大会」

を盛大に開催して自らが「重要講話」を行っています。講和のなかで彼は、中国共産党はマルクス主義で理論武装した政党であること、マルクス思想の一般原理は現在も完全に正しいことを強調しています。この発言が「私有制消滅」は習近平政権の意図ではないのかとの疑念を一層深めたのは言うまでもありません。というのは、「私有制消滅」こそがマルクス主義の基本理念の一つであり、習近平国家主席が言うように「マルクス思想の一般原理は現在も完全に正しい」のであれば、「私有制消滅」も正しいことになるからです。

以上は、二〇一八年における「私有制消滅」騒動の経緯ですが、ようやく昨秋になって、中国経済が大変な危機に陥ったことに気がついた習近平国家主席は「私有経済重視」と言い出し、事態の収拾に乗り出します。しかし、そもそもこの「私有制消滅論」の黒幕は、毛沢東回帰の志向を強く示している習近平ではないのかとの疑念は依然として消えていません。

驚天動地の爆弾発言

渡邉　いま石平さんが述べた向氏の「私有制消滅論」に対する批判は、見方によっては習近平政権に向けての政治批判になりませんか？

石平　実は向氏が政治批判の矛先を習近平国家主席に向けたのはそれが初めてではないのですね。先にふれた一八年一二月九日の講演でも、彼は遠回しとはいうものの、明らかに習近平批判を展開していました。向氏は、米中貿易戦争の話を取り上げて、「米中貿易戦争において、われわれのほうで判断ミスがなかったのか、状況を甘く見ていなかったのか」と自問して、そして次のように自答しています。

「貿易戦争の形勢に対し、国際情勢全般に対し、われわれに判断の誤りがあった。それはわれわれが大いに反省すべきところである」と。

向氏はここで、「われわれ」という主語を使っています。あたかも彼自身を含めた「われわれ」が「判断ミス」を犯したかのような言い方をした。しかしよく考えてみれば、彼自身を含めた一般人は貿易戦争における中国側の当事者でもなければ、「判断」を行う立場でもありません。そして国内では誰でも知っているように、アメリカとの貿易戦争において自らの判断に基づいて意思決定のできる人間は実は一人しかいない。国家主席の習近平氏ですよね。

つまり、向氏の言う「判断ミス」をした「われわれ」は決して、彼自身を含めた本当の

「われわれ」を指しているわけではない。彼は遠回しに中国側の対米交渉の最高責任者で独裁者、習主席のことを批判したのです。

習近平独裁体制が確立されて「習近平崇拝」が急速に進んでいるいま、遠回しでありながらも公然と習主席を批判するこの発言はまさに驚天動地の爆弾発言といえます。当然ですが、向氏演説の映像は中国のネット上で爆発的に拡散された後、政府当局によって迅速に消されていきました。

向松祚氏の背後に連なる「反習近平勢力」

石平　はたして向氏の安否はどうなのか。後になって向氏は何らかの咎《とが》めを受けたり、政治的迫害を受けるのかと懸念されていたけれど、結局、彼の身には何も起こらなかったようです。現在の中国の政治状況ではほとんど信じられないことですが、「習近平批判」とも思われるような彼の白昼堂々の政治批判は、どうやら見逃された模様です。

いま中国国内の知識人のほとんどが正当な発言を封じ込められ、あるいは自ら沈黙を選んでいるなか、向松祚氏だけが大胆な政策批判を自由自在に展開することを許され、特異な存在感を発揮しています。これはまさに不可思議な現象というしかありません。

渡邉　おそらく向松祚氏は単なる一個人として上述のような批判を展開しているわけではないと思う。彼の背後には大きな政治勢力が連なっているはずです。この政治勢力の正体は不明とはいえ、党と政府内、そして学界において隠然たる力を備えていることは確実でしょう。もちろん、この勢力はいまの習近平政権の政治・政策に対して大きな不満を持ち、批判的な態度をとっていることは明らかです。さらに言えば、中国としては米中貿易協議を行っている最中に、向氏に手荒な真似はできないでしょう。人権問題で波風を立てられないという事情がありますから。

石平　こうしてみると、習近平政権と習近平自身の地位は決して安泰ではなく、いわば「反習近平勢力」は力を保持し、虎視眈々《こしたんたん》と逆転のチャンスを狙《ねら》っている。そして学者の向松祚氏はこの勢力の代弁者である可能性大と思われます。そういう意味では、われわれは今後も、向氏の動向を大いに注目すべきです。彼の動向は、中国政治の方向性、習近平政権の成り行きを占うための一つの重要な「メルクマール」になるからです。

新規の設備投資がまったく起きていない

渡邉　先にも申し上げましたが、中国側が出してくる統計数字がまず信用できないのは常識ですが、逆に中国を相手にする側の数字は信用できます。中国以外の国が、中国に対してどのような取引をしているのかという数字です。たとえば、中国が保有するアメリカ国債についてはアメリカの財務省が発表しますから、財務省証券の保有高という形で確認することができます。

中国の数字を見るのに私が頼りにしているのは、日本の財務相をはじめとする各省庁や日銀が定期的に発表する統計数字です。二〇一九年一月の貿易統計は以下のとおりでした。

〈対中輸出〉　一七・四％減
化学繊維、プラスチック　二七・五％減
鉄鋼　二一・〇％減
非鉄金属　二一・〇％減

一般機械、機械全般　二六・六％減
電算機類、コンピューター　三三・〇％減
金属加工機械　五二・〇％減
音響映像装置、記録再生装置　四九・〇％減
電気回路等の機械　三八・九％減
通信機　四八・二％減

ご覧のとおり対中輸出、あるいは中国の対日輸入に急ブレーキがかかっていることが一目瞭然となっています。本書でも幾度か言及してきたのですが、このところの日本企業はかつてのＢtoＣ（ビジネス・トゥ・カスタマー）、つまり一般消費者向けの製品の生産から、キーパーツ生産や設備投資のための機械の生産にシフトしてきました。それらの中国向け輸出が軒並み三、四割も落ち込んでいる。これは中国国内で新規の設備投資がまったく起きていないことを示しています。

ただしこれは日本だけの現象ではなく、韓国の中国向け設備投資、中間製品の輸出もまったく冴えません。これらの状況から中国では内需も駄目、輸出も駄目、経済が八方塞《ふさ》が

りになっているのが見て取れます。

ここにきて中国人民銀行が発表しているように、中国の民間企業の債券発行が大幅に増えています。設備投資が起きていないのに、債券発行額が急激に三倍、四倍に増えているということは、実質的には資金調達のための融通手形の発行を行っているのだと類推できるわけです。

中国の民間企業のデフォルトが増加しているだけでなく、商取引を装った循環取引や、消化取引による手形のキャッチボールが行われているのだと思います。これは日本のバブル末期にも起きた現象です。

日本の財務省は、一九年は春節が早かったからだと説明していますが、私はすでに中国のバブルが実質的に弾けているのではないかと読んでいます。日本でそうであったように、バブルとは弾けてからわかるものです。弾けてから半年、一年経ったときに、あのときにバブルが弾けていたと気づくわけですね。

デフォルトを起こした中国版モルガン・スタンレー

渡邉　ここでは中国の民間企業の債券デフォルトの極めつきをさらっておきましょう。二〇一八年、民間企業の社債デフォルトは四二社一一八件、総額一二〇〇億元（約一兆九八〇〇億円）規模に及んでおり、もはやデフォルトラッシュの様相です。中国国内における民間企業の社債のデフォルトは日常茶飯になっていることから、中国人も不感症になっています。

ただし一九年一月末、民間企業の希望の星とまで称された「中国民生投資集団（中民投）」の社債がデフォルトしたときには中国国内に衝撃が駆け抜けました。

以下はこの件について記されたジャーナリストの福島香織氏によるレポートの抜粋です。

中民投は中華工商業聯合会のバックアップを受け、中国の大手民営企業五九社がそれぞれ二％を超えない範囲で出資する形で、なおかつ国務院の批准を得て二〇一四年に設立された投資会社です。中民投の経営戦略方針は、民営企業に投資し、株主になり、経営に参与し、民営企業を立て直すというものです。

総裁の李懐珍《りかいちん》は、中央銀行や銀行監督管理委員会、民生銀行の幹部を務めた人物。二〇一六年には資本総額三一〇〇億元（約五兆一一五〇億円）超にまで急成長、「秒速で稼ぐ企業」「中国版モルガン・スタンレー」などと称揚されていました。

操業当初から中民投は、太陽エネルギーパネル、鉄鋼物流、船舶の三分野に積極投資を行ってきました。これらは中国の〝過剰投資産業〟として悪名を轟《とどろ》かせていたけれど、中民投はこうした過剰投資産業の企業整理を促進する役割も担わされていたのです。

なかでも太陽光パネルへの投資は、中国ネットニュースサイト「澎湃新聞」によれば、この五年で一五〇〇億元（約二兆四七五〇億円）、発電設備の出力に換算すると二〇GW（ギガワット）。二〇一五年には寧夏に世界最大の単体太陽光パネル発電所を建設するプロジェクト（二GW規模）に一五〇億元（約二四七五億円）を投じています。

なぜこうも太陽光パネル事業への投資に前のめりになったのでしょうか。

その時点で中国政府が太陽光発電導入の上潮ムードを盛り立てており、買い取り価格への補助金制度もあったからでした。習近平政権は環境保護に特に尽力しています。中国の場合、民営企業においても市場の需要よりも政治の空気を重視するのが一般的です。

ところが中民投に逆風が吹きます。二〇一八年、国家発展改革委員会、財政部、国家エネルギー局が突如、中国の太陽光発電関連産業の発展に急ブレーキをかけるような通達を次々と発表したのです。一二〇〇億元（約一兆九八〇〇億円）の補助金不足が発覚したのを契機に、政府としては太陽光バブルを弾けさせるほかなかったのでしょう。

もっとも影響が大きかった通達は、二〇一八年六月の「進行中の太陽光発電所建設の計画をすべて一時棚上げする」というものでした。補助金はほとんど削減され、太陽光発電の電力の全面的値下げ、全面整理が行われました。これにより中国の太陽光発電市場は一〇〇〇億元（約一兆六五〇〇億円）規模も縮小、ほとんどの太陽光発電関連工場が操業を停止し、関連企業がばたばた倒産に追い込まれました。太陽光発電関連産業は暗黒期に突入したのです。中民投は国家の電力政策にあおられて、梯子《はしご》を外されたわけです。

JBPRESS（二〇一九年二月二八日）より抜粋

変わらぬ中国政府の「国進民退」の姿勢

渡邉　いま何が起きているかというと、民間企業の手元資金がどんどん減っているわけです。手元資金のショートが起きている。そうしているうちに相保証し合っている企業が潰れ、倒産の連鎖に巻き込まれているのです。

中国政府は民間企業に対する融資を緩和しろとはアナウンスしているのですが、実際には「国進民退」の姿勢は変わっていません。

中国のGDPの増加分の六割、新規雇用の九割、財政収入の過半に民間企業が寄与しているにもかかわらず、銀行融資の八割は国有企業向けというのが実相なのですよね。ですから、結果的に民間企業の破綻が今後続出する可能性が高い。

石平　米中貿易戦争の関係で補足すると、米中貿易戦争の拡大を避けるために中国は大きく譲歩をしなければなりません。一説によると、トランプ大統領を満足させるために、今後一兆二〇〇〇億ドル（約一三五兆円）分のアメリカの商品を買う腹積もりであるといいます。

ところが、すでに中国国内の需要は明らかに縮小しているのです。経済の減速中に新たにアメリカから一兆二〇〇〇億ドル分の輸入を実現するのは物理的に不可能。中国に唯一できるのは、別の国から買った分をカットして、アメリカからの輸入に振り替える。たとえば日本からの輸入をカットする。

渡邉　それができないのです。日本から輸入しているものと、アメリカから輸入しているものがまったく違うからです。中国がアメリカから輸入しているのは、たとえば大豆だとか、石油だとか、日本から輸出できないものばかりです。

石平　半導体はどうですか？

渡邉　日本は半導体の部材のシリコンウエハーを中心に中国に輸出しています。アメリカは半導体製造装置とか検査用装置がメインです。だから日本からの輸入分をアメリカに転換するのは無理。仮に大豆であれば、ブラジルからの輸入を止めて、アメリカからの輸入を増やすことは可能でしょうが、両国は北半球と南半球に分かれています。大豆の収穫時期が異なるのがネックになるかもしれません。

中国が一帯一路の最後の戦略で行っているのが、海外に農産物工場を建設するプロジェクトです。一種の農産物のプランテーションともいえます。たとえばブラジルに巨大な開拓地をつくって、現地で大豆を生産させるとか、北海道でもさまざまな農産物をつくるプロジェクトが進んでいます。中国国内の農産物需要に対して、圧倒的に供給量が足りないからです。

これをアメリカから輸入するという形にすると、これまで中国が一帯一路で行ってきた農産物生産計画が破綻することになりかねません。同時に、中国がお金を突っ込んだり、大統領を買収してきた国々はもともとあまり筋がよくないわけです。仮に白紙化すれば、今後は反中圧力として台頭してくる可能性があります。

第二章

計画経済を復活せよ!

民主主義を運営できるリミットは三億人

渡邉　すごくシンプルに言うと、中国の人口は三億人の都市戸籍を持つ人たちと、三億人の農民工と言われる都市住民にとっての奴隷と、七億人の昔ながらの貧農の人たちとで構成されています。ところが、中国に日本人の生活水準に近い三億人の人口が生まれただけで、資源の「爆食」が起こり、世界中がおかしくなってしまいました。

マルサスの人口論ではないけれど、同じカロリーを採るのに、鶏肉で六倍、豚肉で八倍、牛肉で一二～一五倍の穀物が必要となるわけです。三億人の比較的豊かな人口が増えただけで世界中の食のマーケットが壊れてしまった。しかしながら、本来中国にはさらに一〇億人の新たなる市場が潜在しています。この一〇億人を比較的豊かにするためには、絶対的に資源が足りません。計算上、地球が三つ必要になります。

就労可能人口の面からも、中国のこれ以上の発展は経済原則から成立せず、中道主流型経済にはなり得ない。すでに中国は二〇一五年に就労可能人口がピークアウトしており、いわゆる「人口ボーナス」から「人口オーナス」、要は衰退期に突入しています。さらに三五年間続いた一人っ子政策の弊害で、日本の三倍の速度で少子高齢化が進みます。したがって、中国の人口は今後急激に縮小する運命にあります。これは逆に言うと世界には望ましいことです。

国家が安定して民主主義を運営できるリミットは三億人と言われて久しい。それ以上になると分裂したり、解体されていくわけです。EUも例外ではありません。三億人で始めたときはうまくいったが、三億人を超えるとさまざまな意見が出てきて、どうにもまとまらなくなってしまった。アメリカもいまリミットの人口三億人です。だからトランプ大統領は移民を排斥しようと動いているわけです。

石平　問題は、比較的豊かな人間が三億人もいるいまの中国が国際市場から切り離されたら、みな生きていけないことだ。たとえば石油と食料に関して中国は世界最大の輸入国となっている。それだけ輸入するならば、それなりの輸出で稼がなければなりません。

渡邉　三億人の比較的豊かな中国人がいるとして、今後不動産の暴落に巻き込まれて、そのうちの三分の二以上は生活破綻に陥ります。彼らはデジタル全体主義国家のなかで低スコアしか取れないために「信用不良者」に認定され、先刻述べたように地方に下放される運命にあります。残された八〇〇〇万人ぐらいから一億人が都市住民として生き残るのではないでしょうか。エネルギーは石油からあり余っている石炭に戻せばいい。

石平　石油が調達できなくなれば、みんな自動車を一斉にやめればいいわけです。毛沢東の時代には誰も自動車など持ってなかった。しかし、さすがに食料が足りなくなったら大変です。

渡邉　ですから約二億人を下放して農業に勤しませるならば、都市部は一億人の発展可能な人口にはなります。

中国が究極のAI監視社会、デジタル全体主義国家を築くのは大賛成

石平　話が面白くなってきました。ではそうであれば、中国経済が最後に落ち着くところは崩壊ではなく、むしろ元の状況に戻るという意味合いが強いわけだ。ある意味では中国共産党政権はそれを意識しているフシがあります。意識しているからこそ、習近平政権は徐々に毛沢東時代の政治手法に戻りつつある。

	一九七八年	二〇一七年
GDP	三七〇〇億元	八二兆七〇〇〇億元
貿易	二〇〇億ドル	四兆一〇〇〇億ドル
外貨準備	二億ドル	三兆一四〇〇億ドル
平均年収	一七〇元	二万六〇〇〇元

右の比較からもわかるように毛沢東時代の経済規模は現在の二五〇分の一程度でした。当時の人口は七～八億人で、毛沢東の独裁体制のなか、国民は最低限の生活を維持していたのですね。しかしながら、安定していた。毛沢東時代は暴動も起こらないし、難民が国外に出ることもない。中国人は国外で何も買わないし、中国を訪れた外国人もほとんど何も買わなかった。独裁体制のなかで、自給自足的な自国内で完結されるような世界が展開されていました。それを当時の中国人民は苦しいと思ってはいなかった。

渡邉　というか、下々の中国人、いまの貧農や農民工の生活は昔と変わらない。

石平　そうか。要するに崩壊するのは、上の三億人のうち二億人の生活ということか。

渡邉　中国共産党の幹部と中国共産党員、合わせて約九〇〇〇万人。ここは変わらないでしょう。アメリカや日本、西側の国々にとってメリットがあるとすれば、中国という国家が中央集権で成り立っている国家であることです。中国がいわゆる鎖国状況になり、海外にも進出しない形で内側に倒れ込んでくれると、難民は出ません。

もし中国が分裂型国家になって内戦が起きて一三億人の難民が国外に脱出するとなると、日本もロシアも周辺のＡＳＥＡＮ諸国も大変困ります。だから中国共産党が究極のＡＩ監視社会、デジタル全体主義国家を築いて、内部で引き締めてくれる分にはアメリカも日本も〝大歓迎〟なのですよ。

ですから、落としどころとしては、中国は内側に壊れていくのがベスト。民族自決の原則、マルクス主義政権で共産主義革命をやろうが何をやろうが、内側に倒れてくれる分には全然構いません。ところがこれが逆に開放型になって一三億人が自由に海外旅行ができるようになったら、世界中がＥＵの難民問題どころではない大迷惑を被ります。

完璧な計画経済を目指すのも一つの選択肢

石平　世界が持たなくなるからね。逆にわれわれは習近平国家主席に期待するしかないわけだ。習主席には一〇年後、二〇年後まで頑張ってもらい、中国を完全にコントロールして、経済が崩壊しても、中国が天下大乱の墓穴に落ちないようかつての毛沢東時代に誘ってほしい。一九五〇年から七〇年代中頃までの中国は世界にとっていまほど迷惑にはならない存在でした。

けれども、インターネットの時代のいま、完全に毛沢東時代に戻ることは不可能だし、中国経済を完全に鎖国状況にもっていくのも無理。毛沢東にあれほどの政治力があったのは、戦争に勝って天下をとったからにほかならない。

したがって、中国が完全に毛沢東時代に戻るためには、中国がもう一度内乱に陥り、そのなかから強者が出てきて、天下を統一するというプロセスが必要です。でも、そんな大混乱を起こすことは許されないし、その一方では渡邉さんの言われるように、地球資源の限界から中国経済は崩壊せざるを得ない。

このまま座して崩壊を待つよりは、完璧《かんぺき》な計画経済を目指すのも一つの選択肢ではないでしょうか。

渡邉　そうですね。石平さんはインターネット時代には人の口に戸は立てられないと言ったけれど、デジタル監視社会を構築したいまの恐ろしい中国ならばインターネットを遮断できる。現実にインターネットの遮断システム、金盾（ゴールデン・シールド）が機能して海外とはつながっていないのですから。

まずは西側諸国との通信の遮断を完璧に行うわけです。かねてより中国は通信工作隊を使って、中国政府の悪口を言う人間をすべてチェックしているので、そう難しいことではない。中国全土に二億台のＡＩ搭載の顔認識用監視カメラが設置され、中国反政府デモの参加者は瞬時に特定され、即摘発されるまでになっています。だから、人権活動家や民主弁護士などはまったく動きがとれない。

もちろん、中国のビッグデータはＳＮＳ上のつぶやきも見逃しません。習主席の悪口を言った市民がたちどころに拘束されたようにね。当局に拘束、逮捕されれば、即信用不良者に認定され、携帯電話を持てなくなる。そうなれば社会から疎外されていく。

美しき共産主義革命のススメ

石平　もう一つ、経済崩壊を避ける方法があります。共産党独裁という権力を用いて、国民が持っている不動産を全部召し上げるのです。当然、国民の大多数は不動産バブルが破裂してローンは払えないから、召し上げた時点でローンはすべてチャラにする。負債はそこで全部消える。召し上げた不動産は国家が国民に分配する。

渡邉　それは美しき共産主義革命ですね。

石平　それから軍事管制を敷くなかで、デノミを断行する。これで金融バブルも負債も全部きれいに整理されます。

渡邉　ただ、デノミを行うと人民元の価値が毀損するので、誰も人民元で取引してくれなくなります。つまり輸入が止まる。

石平　そうです。そういう前提で、各国との関係を断つつもりでね。

渡邉　あとは徳政令という手もあります。国民の借金を全部ゼロにするという措置です。

石平　それを実行するためには、中国は国際的緊張、危機をつくり出す必要がある。要するに、中国が外国と戦争をするような状況をつくる。本当に戦争するかどうかは別にして……。結論は、中国が経済崩壊しない唯一の方法は、もう一度徹底的な共産主義を行うことです。習近平国家主席は共産主義革命を起こさなければならない。

渡邉　「拝啓習近平殿、共産主義革命のススメ」。本のタイトルができましたね（笑）。

石平　経済が崩壊するのを前提として、中国は現在の一党独裁、デジタル監視国家体制を維持していたのです。いまの経済の崩壊を恐れている習近平国家主席は発想を変えればいい。経済の崩壊を逆手にとるわけです。市場経済を崩壊させたうえで、共産主義革命的な手法をとる。

渡邉　そのときに習主席は「資本主義は間違っていた」と堂々と世界に向けて宣すればいいのです。

中国マーケットが崩壊してもさほど影響を受けない日本企業

石平　もし中国が、中国市場が世界と遮断される場面が訪れるとすると、日本経済にどういう影響がもたらされますか。

渡邉　あまり影響は出ないと思います。なぜなら、いま日本企業がつくっているもののほとんどが、ビジネストゥーカスタマー（B to C）の最終製品ではないからです。輸出している品目は中間製品、あるいは基礎原料で、オールインジャパンなのです。

特に超円高に苦しめられた民主党政権の終盤、日本企業は最終製品を輸出しなくなった。

それが円安になってもなかなか輸出が伸びない理由です。

先ほど言ったように、アメリカはいまサプライチェーンの組み換えを求めています。世界的な消費量がそれほど変化しないのであれば、たとえばアメリカ向けの輸出はこれからはメキシコの組立工場に変わるはずです。中国より人件費が安くて地の便がよい新NAFTAを活用して、これまで中国が受け持っていた最終組み立て過程をメキシコで行えばいい。今後中国経済の崩壊で消失するマーケットについては憂慮することはない。インドがあればASEANもあるのですから。

とっくに中国市場はピークアウトしています。物価も賃金も高くなりすぎて、これ以上消費が伸びない状況にある。ひるがえってインドやASEAN諸国は、消費が十分に伸びる余地があります。しかも「中国製造2025」を掲げる中国はハイテク製品を内製化しようとしているわけです。内製化されれば、結果的に日本から輸出できなくなるわけだから、日本企業にとり中国市場はまったく魅力はなくなってしまう。

そうであれば他の国に切り替えるのが自明の利というものです。さらに中国は日本企業に対して略奪的な知的財産、技術移転を求めているから、日本企業が中国でモノをつくる意味がない。結局、最終的に中国に盗まれて終わりになる。次のプロセスでは中国政府は当然、自国企業に対して優遇措置をとって外国企業を追い出しにかかるでしょうから。

海外マーケットにおける変化を考えていくのがリスクマネジメントの常識です。中国マーケットは労賃が急騰してきた二〇一〇年あたりからチャイナプラスワンの動きが強まってきて、二〇一四年あたりからは外資企業の多くはチャイナフリーと言い出した。ですから、いま中国でモノをつくっている会社は、中国の国内マーケットをメインとしているところばかり。ということは、中国マーケットがなくなれば、廃業するしかありません。

すでに始まっている冷戦

石平　もうそろそろ日本企業は中国ビジネスに見切りをつけたほうがいいということですね。仮に中国経済が崩壊せずに繁栄すれば、日本の中国に対する輸出は締め出される。そして、われわれが予測するように、間もなく崩壊するならば、あるいは習近平国家主席が社会主義革命を起こすならば、なおさらそうなる。

渡邉　いわゆるグローバリズムはすでに終焉《しゅうえん》に向かっていて、市場も冷戦構造に入り始めています。だから、二〇一四年のソチのオリンピック直後に行われたクリミア紛争において、ロシアとアメリカは事実上の軍事対立を見たわけです。そして南シナ海の領有権を主張する中国に対し南シナ海で二〇一二年から始まったアメリカの航行の自由作戦。この二つの軍事的主軸ができた以上、安全保障をすべてに優先するアメリカは冷戦という名の〝平和〟を求めるでしょう。

石平　なるほど、なるほど。

渡邉　それはそうでしょう。敵対している国に技術を渡すわけにはいかないのですから、当然です。安全保障をめぐっての米中貿易戦争なのですから。

石平　かつての米ソ冷戦時代はお互いに経済的に結びつきがほとんどなかったでしょう。自由主義陣営と社会主義陣営に完全に分かれていたから、レーガンは軍備競争で旧ソ連を潰すことができた。トランプ大統領にとって厄介なのは、中国との経済面でのさまざまな結びつきがあることなのです。だから、本格的な中国潰しの前段階としての貿易戦争は、むしろ中国経済との関連性を切り離すという視点で見るべきです。

アメリカがもっとも恐れているのは中国による通信テロ

渡邉 そうです。そこにファーウェイとかZTEなどが絡んでくる。「中国製造2025」のなかで、中国政府がこれから拡大したい高度な産業分野が二つあります。一つはファーウェイとZTEに代表される通信機器。そしてもう一つが半導体。この二つが「中国製造2025」のコアです。

ファーウェイとZTEについては周知のとおり、すでに二〇一八年八月に制定した国防権限法（NDAA）により、アメリカは制裁対象としています。ファーウェイの孟晩舟《もうばんしゅう》副会長兼最高財務責任者（CFO）逮捕からアメリカは一気に攻勢に転じました。アメリカは同盟国に対して、「ファーウェイとZTEを使う国はアメリカとの同盟関係を失う可能性がある」と宣しているわけですから。アメリカと軍事協力をそのまま継続したいのなら、必然的に西側の諸国は中国の通信機器を使わなくなります。

これにより第五世代（5G）におけるリアルタイムで電力需要を把握し、ITを利用して供給側と需要側の双方から電力の流れを最適化するための送電網、スマートグリッドに関するビッグデータを中国から切り離すことができるのです。

そうすると第五世代技術は、アメリカを中心とする西側と中国とその関係国の二つに分断される。アメリカとしてはこの分断により、第五世代技術における世界の支配権を中国に取らせない。

カナダ政府はファーウェイCFOに関するアメリカの主張に対して、信頼できるとし、引き渡し審議の開始を認めました。すでに一部報道で、ファーウェイの資金移動に関しては、それに関わったHSBCが全面協力しているとされており、移動記録など物的証拠は揃っている状態だと思います。今後の審議次第ですが、カナダ国内の容疑がないとされた場合、アメリカに引き渡される可能性が高いといえるでしょう。

実はアメリカがもっとも恐れているのは通信テロなのです。中国が通信プラットフォームを確保して、それをボタン一つでネットワークを全面麻痺《まひ》させることができるようになるならば、たとえば冬の時期に日本の電力を麻痺させることができます。そうなれば北海道とか東北とかの寒冷地で、何百万人単位のブラックアウトによる死者が出ますよ。

ボタンを押さなくても、「ボタンを押すぞ」ということが脅迫対象になる。戦争よりも大きなダメージを与えることができる。まったく何も使わないでね。こうした事態をアメリカは恐れているので、中国の通信機器をアメリカの同盟国のネットワークから切り離そうと躍起になっているわけです。

「中国製造2025」の看板分野をアメリカに叩き潰されている中国

渡邉　アメリカが中国の通信機器を同盟国のネットワークから完全に切り離すと、次は何を行うのでしょうか。ここで確認すべきは、ファーウェイの孟晩舟被告の逮捕容疑は「イラン制裁違反」であったこと。要は金融制裁違反です。

かつてアメリカは金融制裁の対象としたイランやスーダンとの間でドル送金などの金融取引を続け、その事実を隠していた仏銀最大手のBNPパリバに総額八九億ドル（約九〇〇〇億円）の罰金を科しています。加えてドル資金の決済業務の一部も最長一年間禁じた。同じく金融制裁に違反したバンコ・デルタ・アジアも巨額の罰金と、アメリカ政府およびアメリカの銀行との取引停止で倒産しています。

アメリカはIEEPA（国際緊急経済権限法）と自由法を発動し、世界中の銀行口座を凍結できる権利を持っています。大統領が安全保障上の懸念を抱くなら、いつ発動してもいいのです。つまり、第五世代で西側の国々すべてがファーウェイとZTEを排除した時点で、ファーウェイに対して金融制裁違反で世界中の銀行口座を止めることができるわけです。

そうすればファーウェイの生産が止まる。これはいつでもできる。だからこのボタンをアメリカが持っている状況で、まず西側の国々にファーウェイ陣営のネットワークに参加させない。フランスや日本など西側はファーウェイの既存の基地を排除する動きを速めているところです。やがては完全に西側と東側の通信ネットワークが分離される。

半導体に関しても同様です。二〇一八年一一月に中国は習近平国家主席の肝入りで、約七〇〇〇億円規模の半導体工場、ＪＨＩＣＣ（福建省晋華集成電路）を建設したのですが、肝心の半導体製造装置および検査装置がアメリカから届かず、同社工場は巨大な体育館と化しています。米国製テクノロジーをＪＨＩＣＣが盗んだと主張する米商務省が半導体製造装置および検査装置の輸出を禁じたからでした。

中国は「今後は半導体大国となる」と豪語し、さまざまなプロジェクトに一四兆円の資金を注ぎ込んできたけれど、上記装置を自前で製造できないため、死に体になっています。これらの分野については日本、アメリカ、スイスが独占しているので、中国には渡りません。

　ということで、「中国製造2025」の肝となる先端技術、通信と半導体がアメリカに叩き潰されつつある。要は「中国製造2025」は瓦解の危機に瀕《ひん》しているわけです。

　こうなると中国は売るものがなくなります。お家芸であった衣料品は労賃急騰がネックになり、すでにベトナム、バングラデシュ、パキスタン、アフリカなどに移転しています。

石平　なるほど。付加価値の低い分野は人件費の安い国々に奪われ、先端技術分野はアメリカに狙い撃ちされている。こうなると中国には何もない。

渡邉　オンリーチャイナが見当たりません。アメリカ側としては可及的速やかに西側諸国からファーウェイとZTEの基地局、製品を排除し、完全に消えた時点で金融制裁に踏み切るはずです。

米議会で壊滅的に減ったパンダハガー

石平　ただし、アメリカのそういう方針に関して抵抗勢力というか、アメリカ国内企業にも日本企業同様、中国市場を諦《あきら》め切れないところがあるのではないでしょうか。

渡邉　アメリカはトランプ大統領の対中政策に対して共和党で九五％、民主党では三分の二が「まだ生ぬるい」と考えて、ファーウェイ、ＺＴＥへの規制強化を求めているのが現状です。さらに一八年の中間選挙後は親中国派というかパンダハガーが壊滅的に減り、全議員中で微々たるものになっています。

日本は現状において、アメリカについていくしか生きていく道がありません。悲しいかな、日本は武力を持っていないので、モノを売っても回収はアメリカにお願いしなくてはならない。アメリカの武力頼みでないと、モノが買えないし売れないわけです。

アメリカはこの七〇数年間戦争をし続けた国で、国民の三分の一程度が戦争に参加している国なのです。徴兵もありましたからね。したがって、国防に対する位置づけが日本とは違い、非常に高い国なのです。アメリカは七〇数年戦争をし続けた国、日本は七〇数年戦争から目を背け続けた国なので、そこには大きな価値観の違いがあります。

石平　アメリカがどう出ようがそれでも中国と商売したい日本企業や日本人について、どう思いますか。伊藤忠をはじめとして結構多いのですが。

渡邉　どうしても中国と商売したいという日本人は大別して三種います。一つはハニートラップにかかった人たち、一つは日本企業が中国で得た利益を外に持ち出せないため、したくてもなかなか撤退できない人たちです。結果的にアメリカのＧＡＦＡ（グーグル、アップル、フェイスブック、アマゾン）が中国マーケットを諦めたのは、中国国内からお金を持ち出せないのであれば、いくら中国で儲けても意味がない。そこに落ち着いたからでした。

あと一つは、中国のビジネス環境の変化についていけずに赤字に陥り、それを日本の本社に知られぬよう誤魔化すために中国にしがみつかなければならない人たちでしょう。その人たちは責任を問われますからね。

中国は外国人投資家や外国企業の保護を組み込んだ新法を成立させるとしていますので、知的財産権問題は一定の妥協が見られると思いますが、資本移動の自由に関しては為替の不安定化などもあり、簡単に呑めない状態にあります。しかし、これを呑ませることが重要なのです。

現在、外国企業が中国で得た利益を外に持ち出すのは難しい。ですから、撤退したくてもなかなか撤退できないわけです。しかし、これが自由化されれば撤退も容易になる。また、利益を中国国内に再投資する必要もなくなるわけです。

これが可能になれば、日本にとっても大きなメリットであり、グローバルサプライチェーンの再構築とアメリカ市場からの切り離しが容易になる。そして、これができれば金融を利用した中国の弱体化も進むわけです。ただし中国側もこれを理解しているので呑めないわけです。

石平　そういう日本人や日本企業にとっては、中国が再び共産主義革命、鎖国政策に転じるのは都合がよいかもしれない。とにかく一発でこれまでの中国ビジネスがすべて終わってしまうわけですからね。

渡邉　すっきりするし、そうなったら日本政府や各国政府が中国進出企業を救済する理由になります。だって、「共産主義革命が起きました。つきましては中国向けの資産が全部無価値化となりました。これをどうしましょうか」と中国側が宣言したら、G8なりG20でその部分の救済に入れという話に一気に進みます。

いまや壊れつつある中国主導のRCEP

石平　そういえば、中国を排除した環太平洋で新しい経済連携協定が発足していますよね。

渡邉　CPTPP（Comprehensive and Progressive Agreement for Trans-Pacific Partnership：アジア太平洋地域における経済連携協定、別名TPP11）です。日米が主導した自由貿易体制で、いまは一

時的にアメリカが抜けているので一一カ国（オーストラリア・ブルネイ・カナダ・チリ・日本・マレーシア・メキシコ・ニュージーランド・ペルー・シンガポール・ベトナム）の参加で、世界のGDPの一三％を占めています。

それともう一つRCEP（アールセップ）と呼ばれる中国とアセアンが中心になった自由貿易体制があります。RCEPに関しては中国が主導してしまうと中国の好き勝手にふるまわれる恐れがあることから、日本も参加しています。

このCPTPPとRCEPを統合したものがFTAAP（エフタープ、Free Trade Area of the Asia-Pacific：アジア太平洋ワイド（APEC地域）の自由貿易圏）というものでした。もともとは二〇二〇年までに統合を実現するというシナリオがあったのですが、もはやCPTPPとRCEPが一緒になることはないと思われます。

なぜかというと、RCEPのなかにアメリカ側がポイズンピル、毒薬条項を入れているからです。中国と貿易交渉を結ぶとわが国との貿易関係はおかしくなるとアメリカが脅しているわけで、RCEPもいまや壊れつつあるのです。

将来的に問題になるのが盲腸といわれている韓国でしょう。CPTPPに関しては、先に入っている一一カ国のどこか一国でも反対すると入れないので、日本が反対するという手もありますが、それでは品がないので、他の国を焚《た》き付けて阻止すればいい。

石平　朝鮮半島など中国にくれてやればいい。もともとは中国の属国だったのだから。中国が共産主義経済圏を敷けば、韓国は北朝鮮に併合されて、揃って共産主義圏に入ればいいのです。

渡邉　中国も朝鮮半島など要らないと思います。要るのであれば、とっくに自ら取りにいっていますよ。ロシアだって要らない。だからあそこは永世中立地帯にしておけばいいのです。日本の旧軍部にも「半島真空論」が根強くあって、朝鮮半島にユダヤ人を入植させて朝鮮族を追い払ったらどうだという計画まであったらしい。

西側の知的財産権をベースにした中国人排除が進む

石平　渡邉さんとさまざまな視点から中国を考察してきましたが、中国はあらためて一党独裁、個人独裁の共産主義国家になるのが、世界のためには一番いいかもしれません。ご存知のとおり、中国の歴史には常に易姓《えきせい》革命がついて回ってきた。一つの王朝が天下統一をして、独裁体制を構築するのだけれど、いずれ王朝は幕を閉じます。崩壊後は必ず五〇年、一〇〇年の大乱に陥り、内戦状態が続いた。内戦状態になると、人口の半分か三分の二は死んでしまった。

しかし、昔のことだから、たいていは中国のなかの大混乱で、他国にはあまり関係がなかった。けれども、改革開放後の中国は思惑もあったが、外国企業を受け入れたし、外国企業も中国に入ってきた。

そうなると、中国国内の大混乱は必ず近隣国などに害を及ぼすが、それを避けるためには習近平にもう一度鎖国政策をとってもらうしかない。

渡邉　一方、アメリカは世界の分断に向けて、知的財産権をベースにした中国人排除を行っています。国防権限法の対象に孔子学院の排除も含まれることになりました。これはアメリカ全土の大学内で展開する同学院が中国のスパイ拠点になっているからです。

そして二〇一七年のトランプ政権誕生後、入国審査の厳格化を進めるなか、不正行為が多いことを理由に、中国人に関しては留学生ビザが単年度発行となりました。これは非常に厳しい措置ですよ。だってこれまで五年間だった留学生ビザを毎年申請しなければならないのですから。まあ、中国の学生はアメリカに来ないでくれという話です。アメリカで中国人向けの英語学校に勤務する先生が言っていたけれど、中国人学生はこの一年半くらいで半減しているそうです。

各大学の中国人教授、研究者の排除もかなり進んでいます。最先端の航空学やロボット工学、先端的な製造業分野など安全保障に関わる分野が中心です。また、各企業においては、上記分野におけるスパイ行為のリスクを抑え、知的財産権の侵害を防ぐことを目的に、中国人のハイテク分野の技術者に関しては採用を見合わせている。

ここのところ毎日のようにハイテク企業に対する中国人スパイ問題が報じられており、安全保障を理由にアメリカ世論が大きく動き出しています。でもこれはアメリカが先陣を切ったわけではなく、すでにイギリス、ノルウェーなどではかなりドラスチックに進められていることなのです。

世界を滅ぼす中国式成功モデル

石平　もう一つ大事な視点ですけれど、中国がのし上がってきた成功モデルについて論じてみたい。一言で括るならば、外国企業から技術を強制的に供出させたり、産業スパイやサイバーウォーで盗んでくる剽窃《ひょうせつ》（パクリ）主義。日本みたいに一つの技術を開発するのに莫大なコストを投入するようなことはしない。パクるためのコストは惜しまないけれどね。

これは中国なりの理由があります。日本みたいに地道な努力を続けるなんて馬鹿らしい。それが花開いたものを軍事力で根こそぎ自分のものにするほうが合理的で理に適っている。そういう価値観に染まっているのが中国なのです。

渡邉　中長期的に見ると、中国のように技術の窃盗で成り立ってしまう成功モデルがはびこってしまえば、世界中の企業が技術開発にお金をかけなくなってしまう。そうすると、技術開発が止まるリスクが高まるのは必至でしょう。

これは別に中国企業のみならず、グローバル社会のなかでの「借り物思考＝レントシーキング」全体に言えることです。みんながこれは便利だから他人のものを使えばいいという考え方に支配され、みんながそれを始めてしまうとどうなるでしょうか。

世界の人口が増えていくなか、効率化だとか地球環境に負荷を与えない技術だとか、将来の世界に繁栄をもたらすブレイクスルー的な技術が生まれなくなってしまう。技術の衰退は人類の衰退を意味します。

ですから、悪貨は良貨を駆逐する（グレシャムの法則）、という連鎖がいま世界中で起きてしまっている、その代表格が中国なのですね。

石平　要するに、長期的な視野が必要だということですよ。中国的なああした悪しき資本主義がもし覇権を握ってしまえば、一番の被害者は日本かもしれません。日本は真面目なやり方しかできないから。

第四章

中国は巨大な北朝鮮たれ！

米中貿易戦争の内実は価値観をめぐる相克

渡邉　ここでいま一度、今回の米中貿易戦争の本質的な意味合いをさらっておきましょう。これはアメリカに生じた単なる貿易赤字の問題などではなく、実態は軍事と覇権をめぐる争いなのです。

そして中国が一帯一路を通じて、途上国や新興国に融資し利権を得ているのは、地政学的な交通拠点であり、交易の要となる場所にほかなりません。

かつて世界の海を支配した大英帝国は交易により覇権国家となった。それを塗り替えようとしているのが中国であり、建前上の商業活動という看板を利用し、実際には軍事拠点化しているわけです。これは南シナ海やアルゼンチンだけの問題ではなく、いま日本の北海道も危険にさらされています。

さらに、中国は第五世代移動通信システム（5G）で世界の通信インフラの核を支配しようと目論んだ。これにアメリカは「NO！」を突きつけ、大きな戦略転換を図り始めています。そして、この動きに他の旧西側先進国も同調を始めた。これがこの一年で起きてきたことなのです。

石平　そういう意味では、われわれが注視すべきは、米中貿易戦争のゆくえはどうなるか、どこで手打ちをするかといった問題ではない。貿易云々ではなく、米中の文明、あるいは価値観をめぐる相克に昇華されていると思います。したがって、今後アメリカはあらゆる意味において中国的なものを排除していく。

シーパワーとランドパワー、二つの価値観の戦い

渡邉　そうですね。アメリカは、もともとはイギリスを中心とした海洋国家群の一員です。日本も海洋国家です。それに対して中国はいわゆるランドパワー、大陸国家です。

大陸国家と海洋国家の基本的な価値観の違いとは何でしょうか。海洋国家は隔離された環境から他国の脅威が及びにくいなか、交易を重視してきた。対する大陸国家は人口が増えた場合、他国を侵略して他国から資源を奪うことで生き残りをかけてきた。

また、海洋国家に関しては海という明確な国境があった。大陸国家にはそれがない。中国はこれまで大陸のなかでのパワーゲームを楽しんでいた。ところが、近年、海洋に出よ

うとしたが故に海洋国家と衝突することになったわけで、これが一つの対立軸としてのシーパワーとランドパワーの戦いです。

もう一つは自由主義、社会主義の戦いです。なかでももっとも大きなものは、やはり価値観の〝対立〟でしょう。自由、平等という価値観を認める民主主義国家アメリカと、実は社会主義や共産主義でもない、単なる開発独裁型国家である中国との衝突。アメリカの福音派（プロテスタントの一派）の人たちの価値観からすると、全体主義で開発独裁の中国はあのナチスドイツとなんら変わらない。

トランプ氏が政権を奪取すると、「そんな中国を許すわけにはいかない」とする共和党の本来の保守陣営がどんどん力を持ち始めた。ちょっとここで整理をしておくと、一九八〇年代の冷戦終結後、もともと共産主義だったネオコンサバティブ＝ネオコンと言われる人たちが民主党から転向する形で共和党に入ってきた。

元来共和党の主流派はテキサスから出てきたようなガチガチの保守のオヤジさんたちが多かったのです。ところが、あとから入ってきたネオコンやグローバリストが主流派に居座ってしまった。その代表格がティーパーティ（茶会）運動を仕掛けたコーク兄弟でした。二人の資産は一二〇〇億ドル（約一三・五兆円）もありますが、トランプ氏は選挙戦からコーク兄弟を批判し、当選後、彼らとの決別を宣言しています。

政権を取ったトランプ大統領はコーク兄弟と共和党主流派（ネオコン）と対峙《たいじ》し続け、その大半を共和党から放逐しています。先般亡くなったマケイン、引退したライアン元下院議長たちはグローバリスト、新自由主義者でした。社会主義者と非常に親和性が高い新自由主義者を排除した共和党内部は、本来の保守本流へと舵《かじ》を戻すことに成功した。これはトランプ大統領とペンス副大統領の功績ですね。ですから、中国も古い形、本来のガチガチの共産主義に戻ればいいのです。

石平　ああ、アメリカも中国もお互いにね。

渡邉　共和党からネオコンを追い出すと同時に、トランプ政権は社会主義的なものを排除し始めたことから、二つの価値観の対立が顕著化したわけです。

中国に妄想を抱いて失敗したアメリカ

石平　われわれ西側の世界にとり、中国を潰すとか、中国を大乱に陥れるという選択肢は正しくない。中国は中国古来の価値観、つまり秦《しん》の始皇帝からのやり方で国を治め、われわれはわれわれの価値観に沿った文明社会のなかで、別々にやっていけばいいのです。

ところが、現在の状況は真逆で、中国が自分たちの価値観をわれわれに押し付けてくるわけです。たとえばアメリカにやってきた中国のさまざまな団体はマスコミを使って、中国の価値観を喧伝《けんでん》した。

その一方、アメリカはアメリカで、自らの価値観を中国に押し付けてきた。これはアメリカが犯した一番の過ちだった。アメリカは昔から宣教師の精神があまりにも強いわけですよ。

アメリカの中国に対する考え方は蔣介石《しょうかいせき》時代、毛沢東時代から不変で、中国が経済的な繁栄をものにすれば西側の価値観を受け入れるようになるという〝自分勝手〟な妄想でした。アメリカはずっと妄想を抱きながら、中国の近代化を支援し、アメリカの市場を中国のために開放してきた。中国製品を目一杯購入し、無制限に中国人留学生を受け入れてきました。アメリカに留学した中国人がアメリカの価値観を母国に持ち帰る。そういう人たちが中国の政治の主導権を握ったら中国は変わるだろうと。しかし、実際にはすべて裏切られてしまった。

渡邉　アメリカの最大の失敗は、約七〇年前の日本での成功体験なのですね。敗戦国の日本人はきわめて従順でした。アメリカ人から見たら、中国人も日本人と同じようにしか見えなかった。だから、自分たちと文化的価値観がまったく違うことに気がつかず、失敗を繰り返してきた。日本での成功体験が災いしているのです。中東戦略でも勝つには勝ったけれど、その後は大失敗でしょう。

石平　アメリカはそこがわかっていない。日本はアジアでありながら、実は根本的な価値観は海洋国家で、イギリスに近い。日本での成功体験は他国では通用しない。

渡邉　だから、アメリカが戦後統治に成功したのは日本と台湾ぐらいですよ。

石平　中国にしてみれば、アメリカは自分たちの価値観を押し付けて、中国の体制を転覆しようと企んでいる。そう受け止めていた。それで逆に中国はアメリカに対抗心を持つようになった。だから、アメリカは価値観の押し付け、押し売りをやめるべきです。

そうすれば、中国に市場を開放する必要はないし、中国を支援する必要はないし、中国人留学生を受け入れる必要もない。アメリカは正しい方向にいくし、すべての問題は解決する。

渡邉　いまトランプ大統領がやろうとしているのは、リベラルや中国共産党がらみの人たちを国連人権委員会、ユネスコから追い出し、彼らの利権団体をすべて潰すことです。そのうえでアメリカが中心となってニューヨークに新国連をつくる。そのメンバーは中国を除いたG8で、ロシアをメンバーに復活させるのです。

トランプ大統領の再選を望んでいる中国側

渡邉　ここでちょっと誤解を解いておきたい。ほとんどの日本人は、中国側はトランプ大統領の再選、続投を阻止したいと考えているけれど、それはまったくの誤りなのです。

トランプ大統領が辞めたら副大統領のマイク・ペンスが大統領になるわけです。福音派、信念の人であるペンスはガチガチの反中共で、トランプ大統領の一〇〇倍は厄介な人物なのです。二〇一八年一一月の中間選挙でいわゆる「パンダハガー」と言われる中国寄りの弁論をしてきた議員はペンスの働きによってほぼ排除されてしまった。

サンフランシスコとか巨大なチャイナタウンを持っている場所以外、中国寄りの議員はわずかしかいなくなった。ペンスが大統領にでもなれば、さらに強硬になってゼロになる公算が高い。トランプ大統領は商売人だから、中国側はディールができる。トランプ大統領以外の人間、特にペンスになるとディールができなくなる。その脅威のほうが大きいと中国共産党は分析していると聞きます。したがって、トランプ大統領の続投を望んでいるのは、中国なのです。

石平　なるほど。習近平国家主席の首の皮一枚はトランプ大統領のおかげでつながっているわけだ。

最後まで決着しない知的財産権等に関する交渉

渡邉　トランプ大統領の交渉術とは、条件を出して「イエス、もしくはハイ」しか認めないのですね。嫌いな相手はひたすら持ち上げる。駄目な相手と交渉の際、金正恩《キムジョンウン》のときもそうでしたが、彼が持ち上げているということは、何らかの条件を引き出したいから持ち上げているのです。これは商売人のやり方ですよ。

トランプ大統領のやり方は、一年なり半年前からゆっくりアナウンスメントして、これをやるよ、やるよと言って世界のマーケットに織り込ませて、さらにワンクッションをおいて決着をつけるというもの。ただし知的財産権等に関しては最終的に決着しないでしょう。

アメリカ議会が知的財産権等に対して絶対に妥協するなという決議案を出しているからです。だから、中国側も呑めない。ただしこうした展開は想定内のものです。

石平　ひょっとしたら年内に決着しない可能性もあるわけですよね。

渡邉　最後まで決着しない。私はそう思っています。日米貿易摩擦のときだって協議を一〇年間やったのだから。

抹殺される運命にある中国製通信機器

渡邉　トランプ大統領は第五世代（5G）などの無線通信網について、中国製機器の使用を禁じる大統領令に署名する見通しです。中国製通信機器について、焦点は二つあり、一つは基地局や中継局サーバーなどインフラ部分であり、もう一つは個人が購入するスマホやルーターなど端末部分です。

アメリカは国防権限法で、そのどちらについてもアメリカおよび政府機関と取引する対象に対する二〇二〇年八月までの使用撤廃を謳《うた》っています。これはアメリカ国内だけにとどまらず、アメリカ政府と取引するすべての主体が対象です。しかし、それ以外の人や団体組織は、この規制の対象になっていません。

今回の大統領令では、アメリカの通信会社と接続できない規定が設けられる見通しです。大統領令が発布されると、海外で買ったものでも中国製端末はアメリカ国内でのローミングなどができなくなります。

問題はＳＩＭです。現状では、中国製端末にアメリカの通信会社のＳＩＭを入れれば利用可能なのです。これを防ぐにはアメリカ国内への持ち込み禁止などを行う必要があり、大統領令が厳格に実施されれば、入国時審査などで持ち込み確認が行われる可能性があります。

そうなれば、中国製端末はアメリカで使用できない端末として、販売するしかなくなるわけです。日本でも販売時に「この端末は中国製のため、安全保障の観点からアメリカでの利用が禁じられています。アメリカで利用すれば処罰される可能性があります」と表示されていれば、購入しようとする人は一気に減るでしょうね。また、そのような端末を販売する通信会社への批判も出てくると思われます。

要はファーウェイをはじめとする中国製通信機器は抹殺される運命にあるのです。

アメリカ側が意図的にリークした可能性が高い伊藤忠事件

石平　二〇一九年二月、伊藤忠商事の四〇代の男性社員が、中国広東省広州市で地元の国家安全当局に拘束されていたことが関係者の話でわかりました。日本政府も拘束の事実を認めています。すでに現地で起訴されており、拘束は約一年続いている。中国で日本の大手商社社員が長期間拘束されるのは異例です。

関係者によると、当該社員は拘束当時は東京本社に在籍していたといいます。嫌疑は数年前の広州市のリニア地下鉄プロジェクトに従事していた当時にさかのぼると見られています。渡邉さんはどう思われますか。

渡邉　中国から部分的な撤退を狙っていた伊藤忠が脅しをかけられたのではないでしょうか。おそらくアメリカ側が意図的にリークした可能性が高い。日本に対する警告と同時に伊藤忠に対する警告と、わかっているぞ、という脅しがあると思う。米中貿易協議の最中にこれをやったというところに意味がある。

石平　おそらく、トランプ政権が日本政府、安倍政権の対中姿勢に大きな不満を持っているのではないでしょうか。米中貿易戦争が始まって以来、安倍政権の対中姿勢に私は疑問を持っています。別に中国訪問は何の問題もない。しかしながら、中国と正常な関係に戻ると言い、競争から協調に進み、新たな時代を習主席とともに切り開いていきたいとする発言は、おもねりすぎです。一帯一路にも参加を表明した。

中国ビジネスに固執する損切りベタな日本人

渡邉　一帯一路へは参加するというか、あれは安倍首相が条件付き肯定で言ったものです。英文の条件付き肯定は全否定になります。ＡＩＩＢ（アジアインフラ投資銀行）についての報道もそうですが、この条件が認められたらと言っているのに、参加のところだけ〝切り取って〟報道されています。官邸というか総理側は決して参加するつもりはないと思います。正直言うと、あの時期は自民党内に党内事情がありまして、安倍訪中と総裁選のバーターだった。

石平　総裁選の協力要請の他派に対する見返りとして中国へ行ったわけですね。

渡邉　そういうことですよ。でも、だからといって、もし中国とこれ以上良好な関係を結んだら、アメリカは日本製の自動車や機械に対して中国と同等の追加関税をかけてくるだろうし、日米共同声明の手前、動くに動けないわけです。それをわかっているけれども、なぜかアリ地獄から抜け出したくない企業経営者たちがいる。

石平 日本自身の問題です。

渡邉 損切りが下手な日本人が中国ビジネスに固執しているのですね。困ったものです。これは日本人の特徴で、第二次世界大戦も途中で損切りしておけばよかったのですよ。日本の悪い癖がまた出ているのかなと思いましたね。

豊かな国が貧しくなると戦争が起こり、貧しい国が豊かになると内乱が起きる。これが基本です。ところが、日本人は貧しい国が豊かになると平和になる、という間違った考えを持って育ってきたため、グローバルスタンダードと違う認識になってしまう。そこに大きな歪みが生じてしまう。国際社会において、日本の常識は世界の非常識であるとよく言われますよね。これは性善説でものを考えては駄目という言葉に置き換えられます。この基本認識を持ってない日本人が非常に多い。日教組教育がその典型なのでしょうけれど。

習近平にとっては必然だった毛沢東体制の再現

渡邉　ところで石平さんに聞きたいのですが、二〇一八年あたりから退役軍人が待遇改善を求めて何度も抗議デモを起こしています。若者たちも就職先が見つからず、実際の失業率は政府発表の数字を大きく上回っている。そういう環境のなかで不動産バブルが崩壊すれば、さらに彼らの暮らしは劣化するのは明白です。そうしたとき内乱的な動きが出てくると考えますか？

石平　退役軍人が求めるのはあくまでも待遇の改善。決して反体制ではない。待遇改善は中国政府がその気になればできるのです。彼らは結構具体的な要求を行っています。退役して放り出されて、再就職もちゃんとできない彼らは、それなりの就職口、職業訓練、生活の保障を望んでいる。中国政府がその気になれば対応できないことはない。

むしろ中国政府が恐れているのは、失業者の洪水でしょう。経済が駄目になっていくと、もっとも影響を被るのが約三億人もいる農民工（出稼ぎ労働者）です。一八年は五〇〇〇万人が田舎に帰らざるを得なかった。しかしながら、農民工の多くは田舎を捨ててきた人たちが多いので、労働基盤を失うと流民化し反乱勢力として膨張する可能性があるのです。かつての黄巾《こうきん》の乱がそのパターンだった。

そうした問題の解決は経済の立て直しに限るのですが、これまで議論してきたようにいまの中国では不可能です。おそらく習近平国家主席も覚悟している。彼は死ぬまで最高指導者でいるしかない。

習主席の一番苦しいところは、いま仮に延命政策により不動産バブル崩壊を一時的に止めることができても、そのうちに必ず破裂することです。破裂させないためには、中国経済を凍結して市場経済から計画経済に戻す。共産主義革命を起こすしかありません。

それが間に合わず不動産バブルが破裂するならば、国内が大混乱に陥らないような体制をつくるしかないわけです。そしてその体制がかつての毛沢東体制しかないことはすでに述べました。習主席が〝第二〟の毛沢東になるしかない。これは習主席にとっては必然でしょう。

習主席は毛沢東の時代にはなかった「素晴らしい」武器を手に入れた。ＡＩを駆使したデジタル監視システムによる君臨が可能になった。これで全国民をコントロールしていく。よって中国国民のプライバシーは霧消し、支配者と奴隷の関係が構築される。まさに毛沢東時代の再現といえる。

対外的には臨戦態勢を誇示する必要があるので、場合によっては、国民に現実味をもたらすために、どこかでちょっとした戦争をやる必要も出てくるかもしれない。中国としては、完全に内向きのファシズム独裁にもっていくのがいいわけです。

そして中国においては二〇一八年から宗教弾圧が強まっていることが報じられ始めました。これまではイスラムやキリスト教などが中心でしたが、今回は仏教にまで波及、中国各地で仏教の商業主義化に対処するとし、大規模な仏像破壊まで始めました。

これは文化大革命の再来を予期させる出来事であるといえ、習近平体制の先祖返りを象徴するものといえるでしょう。

軍管制を敷くメリット

渡邉　新たに共産主義革命を起こせば、政権は再び経済主導型から軍主導型に戻るので、必然的に軍人の待遇はよくなります。軍人たちは指導階級として地域に入っていける。軍関係者、ＯＢたちの不満は解消されるのではないでしょうか。

石平　毛沢東時代には文化大革命で軍のガス抜きをした。軍管制を敷いて、地方政府の人間も軍がすべて任命するようなシステムになるかもしれません。

渡邉　軍管制にしない限り、物理的に人権弾圧はできない。警察権でもいいのですが、警察権は地方が持っているので、やはり軍にやらせるべきです。なぜなら、中央集権でコントロールしやすいから。中央集権型でコントロールして、軍人たちに権限を持たせて、軍人たちが主導する形で文化大革命を再び起こすわけです。

いま中国が抱える最大の問題は何か。それは野放図な工業化が引き起こした環境破壊にほかなりません。これは中国共産党も強烈に認識していて、地方政府に対してずっと環境破壊をやめろと命じてきたけれど、地方政府は面従腹背を通してきた。ところが、武力を持つ軍が主導権を持てば、強制的に実行に移せる。徹底して環境整備を行う。軍管制には大いにメリットがあるのです。

先刻から下放が必要だと述べてきたけれど、これは必須です。膨大な人口を下放し、農業生産を拡大させないと、国民の食べる物が足らなくなるからです。下放と地方の環境整備は〝対〟になっているのです。

同じ大国でもロシアは人口が一億四〇〇〇万人しかいないし、石油やガスをヨーロッパに売って日銭が入ってくる経済構造になっています。それに対して中国は人口がロシアの約一〇倍、エネルギーも輸入に頼らざるを得ない。石油備蓄にしても最大で四一日分（日本は一七八日分）しかありません。そんな状況では外国と衝突したくとも、衝突できませんよ。だから、内政を軍に握らせて、再び農業型発展を目指すわけです。エネルギーについては豊富にある石炭を再び復活させる。そして中国の最大の問題、酸性雨とＰＭ２・５は農業発展型に戻せば相当緩和できる。なるべく大型機械を使わないならば、という条件付きですが。

そんなことができるのかという声も挙がるでしょうが、これは軍主導でやらせなければならない。そうすれば、中国の農業が甦《よみがえ》る。これは私からの提案です。

石平　共産主義革命のススメ。そういうふうに理解したほうがよい。中国はいまから五〇年前の姿に戻るのは難しいけれど、戻らないと、さらに中国の将来は厳しいです。

二つの大失策を犯した中国共産党

渡邉　改革開放後の中国政府は二つの致命的な失敗をしました。一つには、あれだけの人口を持つのにインドと違い、工業型発展、短期間での経済成長を望んだことです。これにより生まれたのが大気汚染と水汚染でした。

農作物の収穫量は水の量で決まります。工業化は水と土壌の汚染の犠牲をともなったわけです。若手の農民をどんどん都市部に移動させたゆえに、山間部が荒廃してしまった。これを復元するには、一〇年単位の年月と大量の人員が必要になります。農民を再び地方に帰して農業型発展、そこに近代化農業を入れてもいいのですが、これをしない限り、中国の自立型の発展はもう不可能です。

中国の二つ目の失敗は、自由の味は蜜の味、中国人に自由を知らしめてしまったことです。二〇一〇年くらいまで、中国人はほとんど海外に出られなかった。海外に留学できるのは一部のエリート層のみでした。彼らは海外の自由で豊かな生活を知っていたけれど、それ以外の人たちは知る由もなかった。

二〇一〇年あたりから中国人の中間層の海外旅行が急増し、彼らは外国では習近平国家主席の悪口を言える自由があるのに、中国国内にはないということに気がついてしまったのです。

これも大失敗でした。中間層三億人のうち二億人以上の余計な層がそれを知ってしまった。これが国内の内乱原因となるはずです。金盾でいくら中国政府に都合の悪い情報を遮断しても、一度海外に出れば五感で感じとってしまうので、もう無理なのですね。

中国社会と中国共産党が求めていた個人独裁の時代

石平　私はずっと中国は昔の中国には戻れないと思っていた。けれども、習近平政権の六年間の実績から見れば、戻れる可能性は十分にあると考え直しています。実際にずいぶん戻ったからです。

たとえば胡錦濤《こきんとう》政権時代の末期、もう個人独裁の時代は二度と来ないと誰もが思った。だが、決して頭がいいわけではない、むしろ愚鈍な感じさえする習近平が独裁者になった。なぜか。これは習近平国家主席が凄いのではなくて、中国社会が、あるいは中国共産党がそういう存在を求めていた。そう考えるしかない。

習主席はわれわれからすれば、内政も対外政策も馬鹿げたことしかやってないけれど、それでも中国国内の庶民には人気がある。要するに、中国の人々の潜在的意識のなかで、そういうものを求めている。

そうでなければ、説明がつかない事象がいくつもあるわけです。たとえば、憲法改正とか、国家主席の任期撤廃とか、集団的指導体制の破壊とか、習主席はこれまでのルールをことごとく破壊したのに、共産党内でほとんど抵抗という抵抗に合うことがなかった。この六年間、何もかも彼の望む方向に進んだ。しかも、いまの共産党上層部は彼の側近たちで固められています。

だから案外うまくいくかもしれません。彼に一〇年、一五年の時間をあげるならば、独裁体制はますます強固となるでしょう。

もちろん彼はいろんな失敗をする。しかし失敗すれば失敗するほど、窮地に立たされるほど、さらに彼は内に向く。私はそうなればいいと思っています。唯一心配するのは、内向きでどうしても内部の矛盾を克服できなくなったとき、対外戦争に走ることです。それは周辺国に大迷惑なので、なんとか習主席に思いとどまらせねばなりません。

二〇二〇年にスタートする恐怖のデジタル全体主義

渡邉　二〇二〇年に個人のスコアリングシステムが完成すれば、国民監視が完全にできるようになります。恐怖のデジタル全体主義をスタートさせる。それがまず一本目の習近平国家主席のハードルです。それを超えたら、毛沢東時代の共産主義体制に戻すことはそう難しくはありません。

石平　案外容易かもしれない。そうなれば、一〇年後の中国から出国する海外旅行者は消え、みな人民服で自転車を漕《こ》ぎ、口を開ければ「習近平万歳！」と叫ぶ世界になっている。それもまた面白いかもしれません。

渡邉　中国のお隣の国家であるロシアは共産主義に失敗して、民主主義に失敗して、帝政に戻っています。これはユーラシアの文化なのですよ。大陸文化とは強い帝の下でみんなが力を分配して縦社会をつくるわけです。

石平　習近平国家主席にプーチン大統領ほどのカリスマ性と頭の良さがあれば、もっと早く昔の中国に戻れていたでしょう。けれども、習主席は当然ながら、そんな能力は持ち合わせていない。もし習近平とライバルだった薄熙来《はくきらい》（元国務院副総理）が潰れていなかったら、プーチン並みの芸当ができたであろうと思っています。薄熙来はなかなか人間的魅力、カリスマ性にあふれていたから。その意味で習近平国家主席はちょっと中途半端です。

渡邉　でも、習近平国家主席は大丈夫です。安泰です。なぜかと言うと、ライバルになりそうな連中をすべて粛清していますからね。

石平　問題は、いまの中国共産党のなかで習近平国家主席にとって代わろうとする人間が誰もいないことです。これは大変なことですよ。これからの中国は習主席が「笑え」のボタンを押せば一四億人が一斉に笑い、「泣け」を押せば一四億人が泣く、巨大なる北朝鮮のような国になります。

第五章

アメリカから「終身刑」を科された習近平

現代の李鴻章の汚名を背負いたくない習近平

石平　三月一二日、ライトハイザー米通商代表部代表は上院財政委員会で証言し、米中通商協議では知的財産権など構造問題への確実な対応が焦点になっているとしたうえで、ルールの実効性が担保されない限り中国との合意はないとの考えを示した。このライトハイザー発言から、この時点で中国側はすでに「知的財産権など構造問題への対応」において全人代で「外商投資法」を成立させ、アメリカ側に大幅に譲歩したと思われます。

ただアメリカ側の一番の懸念はやはり、中国側があとになってこの約束を〝履行〟しないことです。だからこそライトハイザーは「ルールの実効性の担保」を中国に求めて、それに関する保証がない限り「合意しない」としているのでしょう。

渡邉　アメリカは中国排除を拡大しています。日本ではほとんど報じられていませんが、国防権限法に合わせる形で、外国投資リスク審査現代化法（ＦＩＲＲＭＡ）と米国輸出管理改革法（ＥＣＲＡ）がつくられました。

ＦＩＲＲＭＡは、外国人による投資審査を行う対米外国投資委員会（ＣＦＩＵＳ）の権限と範囲を一気に拡大するもの。「外国人」の定義を変え、外国人の範囲を経営に影響を与えうる取締役会への参加などまで拡大し、安全保障の定義に先端技術や不動産などを加えたものになります。

安全保障上の脅威ということで、中国企業や中国人による先端技術や安全保障に関わる企業買収や不動産投資は、不可能に近くなったと言っていいでしょう。

もう一つのＥＣＲＡはかつての対共産圏輸出規制（ココム）に匹敵するものです。この法律は米国の武器輸出禁止国（ロシア、中国、ベネズエラ、イラクやテロ規制対象）などへ米国の「最先端および基盤的技術」（情報、製品、サービスを含む）を輸出することを実質的に禁止している。これに該当する一四分野は「中国製造２０２５」と類似しており、今後中国へ輸出する際には米国の許可を必要としなければならなくなります。

もちろん日本企業も対象です。

石平　おそらくアメリカ側の考えとしては、たとえ中国と貿易協議に合意した場合にしても、制裁関税を部分的に保留したうえで、中国が今後、双方の取り決めたルールや中国自身の約束をきちんと守っていくかどうかを見極めていくつもりなのです。そして中国が約束を履行しない場合、あるいは双方の合意を破った場合、いつでも中国に制裁関税をかける形にして、それを合意内容にも明記するつもりなのでしょう。

もちろんそれは中国にとっては一方的な屈辱です。このような合意をしていれば、中国政府は今後常にアメリカの監視下で行動しなければならないし、アメリカの監視を受け入れざるを得ない。まるでアメリカの「属国」となっていくようなものです。

したがって中国側はやはり、ライトハイザーの求める「ルールの実効性の担保」に反発、抵抗しているはずです。この肝心なところで双方が対立しているから、米中貿易協議はなかなか最終目標に達することができない。

そうなると、あとに残された双方の選択肢は、閣僚級協議の争点を残したまま、米中首脳会談による最終決着をつけることでしょう。トランプ大統領は自ら「習主席と会おう」とツイッターして、首脳会談の開催に意欲を示しています。

ところが、中国側は米中首脳会談の開催についての明言を避けています。その最大の理由は習主席自身が首脳会談による最終決着に乗り気でないからです。自らが「喪権辱国」の貿易合意にサインして「現代の李鴻章《りこうしょう》」の汚名を背負うことをどうしても避けたいからです。

国内向けに何としても保ちたい習近平の最低限のメンツと威信

渡邉　それを忖度《そんたく》する中国側は首脳会談が開催される場合、当然ながら習主席の最低限のメンツを保つ方策を模索していた。三月九日、北京で開催中の全人代の記者会見で、中国商務省の王受文副部長（米中貿易協議の中国側責任者の一人）はアメリカとの貿易協議について「すべての追加関税を撤廃するよう話し合っている」と述べています。しかしアメリカ側からは「すべての追加関税撤廃」の話はいっさい出ていません。おそらく、中国側が一方的にアメリカ側にそれを求めていたのでしょう。

石平　中国側はおそらく、習主席が首脳会談に応じるための前提条件としてそれをアメリカ側に提示していると思います。つまり、もし習主席が首脳会談に応じてトランプ大統領と合意に達した場合、その合意内容には「アメリカが中国製品にかけたすべての追加関税を撤廃する」というものが含まれていなければならない。

それができれば、たとえ合意内容に中国側の大きな譲歩があり、中国にとって屈辱的なものであっても、「習主席がトランプ大統領に迫って全追加関税の撤廃を勝ち取った」と国内的に訴えることで、習主席の最低限のメンツと威信を何とか保つことができるからです。

渡邉　でも、アメリカ側が「すべての追加関税撤廃」という中国側の条件を呑むのはちょっと考えられない。前述のように、合意に達したとしても追加関税を部分的に保留して中国側に圧力をかけ続けることは、かねてよりアメリカ側の戦略であるからです。

石平　だから中国が望むような結果になる唯一の可能性は、要するにトランプ大統領が習主席とサシで会ったうえでトップダウン的に決断する以外にはない。

渡邉　しかし習主席がいつまでもトランプ大統領との会談を躊躇うならば何も始まらないでしょう。たとえ米中首脳会談が行われたとしても、トランプ大統領が「全追加関税撤廃」という中国側の要求を退けて席を立ってしまう可能性がある。いや、そちらのほうが濃厚ですよ。

毛沢東には偉大なる忠臣・周恩来がいた

石平　こうして分析してみると、習主席独裁体制の抱える大きな欠陥、あるいは問題点が透けて見えてきます。いまの中国共産党政権内では、習主席が政治・軍事・外交・経済など多方面にわたりすべての決定権を握っていることから、彼の決断なしには何も始まりません。裏返して言えば、習主席は自分が下したすべての決断に責任を持たなければならない。

米中貿易協議はその実例の一つなのです。彼が「大幅譲歩」の決断を下さなければアメリカと合意に達することはない。その場合、「喪権辱国」の責任も、汚名も、結局彼自身が背負うことになるのです。仮に彼が責任を負うことを恐れて行動を躊躇うと、何もかもが止まっていっさい進みません。

結局、習主席は鄧小平《とうしょうへい》以来の集団的指導体制を壊して政治・経済・外交の全権を自分一人に集中させる独裁体制を敷いたため、苦境に陥ってしまったわけです。

かつての毛沢東独裁時代と比べると、習主席の独裁にはもう一つ大きな欠陥があります。

毛沢東は絶対的なカリスマとして共産党と国家の上に君臨して個人独裁体制を築き上げたが、その一方で毛沢東には周恩来《しゅうおんらい》という非凡な能力を持つ首相がいて、毛沢東体制を内部から支えていました。毛沢東体制下の周恩来首相は、毛沢東の権威に絶対的に服従しながら、首相として経済・外交などの実務を一手に引き受けていたのです。

周知のように、一九七二年の田中角栄訪中の際、田中首相との難しい交渉も喧嘩《けんか》もすべて周恩来が担当、それらがすべてまとまった後に、毛沢東が出てきて角栄と会談、「大所高所」の話に興じたのです。その際、もし日中交渉が不首尾に終われば、当然周恩来一人がその全責任を負うこととなったでしょう。

周恩来のような非凡な才能を備えて誠心誠意に仕えてくれる偉大なる忠臣がいるからこそ、毛沢東独裁は彼が死ぬまでの二七年も続いたわけです。

残念ながら、いまの習政権には周恩来のような有能な忠臣はいません。共産党政治局と政府中枢には、習近平氏の幼なじみや地方勤務時代の元部下からなる側近グループはいることはいるけれど、ほぼ全員が無能なイエスマンであって、周恩来のような傑物は一人もいない。

そして、習近平国家主席といまの首相の李克強《りこくきょう》はかねてより犬猿の仲です。李克強は習主席のために難題の解決に当たることもなければ、泥を被ることも絶対にしない。すべては習主席に任せて「お手並み拝見」というのが李克強の態度です。

昔の中国の皇帝や王様は、自分自身のことを「孤家」あるいは「寡人」と呼んだものだが、いまの独裁者習近平は文字どおりの「孤家」と「寡人」となりつつある。このような習近平体制はいったいいつまで続くのか、かなり疑問となってきている。

習近平がトランプとサシで会えない理由

石平　トランプ大統領はいずれフロリダ州パームビーチにある自身の別荘「マールアラーゴ」に習近平国家主席を招いて貿易協議の決着を図ると言及しているが、それが実現できるかどうか。私はそう簡単に事は運ばないと思う。

前述したとおり、まず第一に、習主席がアメリカに出向くということ自体が彼の立場を危うくするからです。命乞いまでとは言わないけれど、守勢に回っているというイメージを中国国民に与えてしまう。先のトランプ大統領と金正恩国家主席の会談にしたってアメリカではない第三国のベトナムのハノイで行われたでしょう。

二つ目には、ワシントンD.C.で米中閣僚級の協議が粘り強く続けられたものの、結局、最終的合意に持ち込めなかった。それを受けてトランプ大統領はツイッターで習近平主席と会って決着をつけると息巻いていた。

しかし、実は習主席が一番〝困る〟のはこれなのです。米中閣僚級の交渉には習主席の側近の劉鶴《りゅうかく》副首相をあたらせています。仮に習主席の指示で劉鶴がアメリカに大きく譲歩しても、これは劉鶴に責任を押し付けることができます。

けれども、トランプ大統領がサシで会談をする以上、そうはいかない。トランプ大統領は貿易赤字の解消どころか、中国の主権を揺るがすような政治体制、経済体制の改革まで要求してきますよ。そうなれば日頃より「中華民族の偉大なる復興」を掲げている習主席は立場をなくす。だからといって譲歩しなければトランプ大統領との話は決裂する。習主席は一番苦しい立場に立たされているわけです。

いずれにせよ、いまの中国はかつてのアヘン戦争後のように、西洋列強に命乞いをして不平等条約を結ぶ以外にどうにもならないという状況に追い込まれています。

アメリカは決して本質的な妥協はしない

渡邉　ここでちょっと振り返ってみると、二月二五日にトランプ大統領は関税引き上げの延期について一定の合意ができたと発表した。これは景気の先折れ感が強くなっているアメリカ側の事情ですね。二〇二〇年の一月にアメリカ大統領の予備選挙が始まるので、この時期に株価とか景気指数を下げたくない。いまの速度で中国を締め上げていくと、結果的にアメリカ側もダメージを受けます。中国を攻める速度を落とすことによってアメリカ側のダメージを軽減する必要があるのです。

アメリカ経済が健全な状況を維持しながら貿易交渉をしていきたい。これがトランプ大統領の意向なのですが、議会のほうがトランプ大統領以上に強硬姿勢になっている。石平さんが言うように、貿易額の問題でなく、中国側の仕組みの問題であると。いまはトランプ大統領と議会の綱引きが行われているわけです。

トランプ大統領としても早い時期に全物品に対する関税を引き上げると、携帯電話をはじめとするさまざまな物品価格が上がってしまう。アメリカ経済がダメージを受けないよう、とりあえずアメリカの国内指標を見ながら調整をしていくハラなのです。

あとはワールドサプライチェーン、つまり国際的なモノづくりの組み換えが出来上がるまでにやはり最速でも一九年年央、あるいは秋頃まではかかるわけですね。その組み換え状況を見据えながら、アメリカは次の関税を上げていく。アメリカ側は本質的な妥協はせずに、それぞれを引きずりながら、新しいカードをこしらえていく。

同時に全物品に対する関税引き上げはいまアメリカが持っている最大のカードなので、それは温存したままいつでもやるぞやるぞと順番に譲歩を迫っていくのがアメリカ側の思惑でしょう。どうしたって次のポイントは貿易戦争から金融戦争へのシフトですから。

今回のファーウェイの孟晩舟の摘発に関しては、ファーウェイが対イラン制裁逃れを図り、HSBC経由の取引を通じて送金がなされたという話が伝わってきています。HSBCには巨額の罰金が科せられるでしょう。ですから、すでにファーウェイに関しては西側の金融機関は今後使えないような状況になっています。

中国四大銀行（建設銀行、工商銀行、農業銀行、中国銀行）はHSBC同様、イランとの取引が行われている疑いが濃厚とされ、米国法違反で巨額の罰金かつ、ドル決済業務の禁止となるのではないかと囁《ささや》かれています。そうなると、中国企業は動きがまったく取れなくなる。

アメリカが中国四大銀行に金融制裁をかければ、中国のバブルなどいつでも潰せるわけです。

アメリカが推進する対中ハゲタカ戦略

石平　おそらくもう一つ、トランプ大統領の再選戦略もあると思います。トランプ大統領としては米中戦争の完全勝利という大仕事を完成させるのには、あと六年は欲しい。だからいま渡邉さんが言われたように、対中国カードを全部使うわけにはいきません。しかも、経済状況が悪いままでは再選はおぼつかない。

そうするとトランプ大統領の戦略としては、簡単には習主席を殺さない。生殺しにして、ゆっくりと締めあげていく。しかも、再選までの二年間、習主席に制裁カードを常に見せながら、習主席からいろんな譲歩を引き出す。

アメリカのものを大量に買わせることをはじめ、習主席からおいしいところをとって自分の再選のネタにする。そして、再選してから、今度は本気で習主席を〝潰し〟にかかる。

再選したら、トランプ大統領には恐れるものは何もない。弾劾されない限り、世論も支持率も気にしなくてもいい。それならばアメリカは中国との貿易戦争の終結は絶対に宣言しない。延々と協議を続けるはずです。

渡邉 アメリカの戦略としては、「中国製造2025」はじめ、中国の発展の芽となるものを全部潰していき、その部分に対してはさらに関税を引き上げる可能性もあります。中国側で一番発展させたくないものに対して〝潰し〟をかけていくわけです。

企業の倒産もそうなのですが、短期で潰れると黒字倒産をするので再生が楽です。それよりも中長期で真綿で首を絞めていくと、どんどん資産の切り売りをしていくので、再生が困難になる、再生できなくなる。いまアメリカが中国に対して仕掛けているのは、その「再生できなくなる戦略」なのです。

ですから、中国人がアメリカに持っている資産を損切りさせて売らせる。それをアメリカ人が安く買い叩くハゲタカ戦略を進めています。そういう形でどんどん中国勢をアメリカ国内から追い出すと同時に、同盟国のなかからも追い出していくという戦略。これが多分これからのアメリカのやり方なのかなと思っています。そのためには習主席には簡単に潰れてもらっては困るし、緩やかに潰れていっていただきたい。そのほうが世界のダメージが少ないからです。

石平　そうですね。いま中国経済が壊滅的状況に陥るなら、進出しているアメリカ企業も結構困ります。撤退する猶予期間も与えなければいけない。

渡邉　そうですよ。自国企業の中国からの引き揚げについて配慮しているから、今回の貿易協議のなかには「資本移動の自由」の条項が入っているのです。

先にもふれたけれど、現状ですと中国国内で稼いだ利益は中国国内に再投資しなければいけない。資本移動の自由とはイコール、中国で稼いだお金を海外に持ち出せるようにすることです。これを認めると中国から一気にキャピタルフライトが起こります。キャピタルフライトが起こると、中国は金融危機になるので中国側としては絶対に呑めない。

そこでアメリカ側が中国側に押し付けているのは、為替安、人民元安は認めないという条項です。これに応じるには、管理変動相場制のなか、中国政府は大量の外貨準備を使ってでも為替を維持しなくてはなりません。つまりアメリカ企業に対して高値でのキャピタルフライトを進めなければならない。ところが、中国政府の外貨準備がまったく足りないわけです。そこで中国企業が外国に持っている資産を売らせて外貨準備に充てている。

延命策しか眼中にない習近平

石平　そうしたアメリカの深謀遠慮を日本のマスコミはほとんどわかっていないでしょうね。アメリカが対峙する中国に長期・中期・短期、さまざまな戦略を立ててくるのに比して、二〇一八年の貿易戦争勃発時から今日に至るまで習主席には何の戦略らしきものがなかった。

いま習主席が考えているのは戦略ではない。今回の貿易戦争を何とか軟着陸させないと、アメリカの関税の引き上げを止めないと、自分の目の前で中国経済が潰れる。潰れたら自分は終わり。だから、いまの習主席は延命策しか考えていません。

危機から逃れるために、できるだけアメリカの関税の引き上げ実施時期を延ばす。あるいは終わらせる。そのためにはアメリカが突き付けてくる要求をとりあえず呑んでいく。だが、呑んでいくとしても、すべて実行するつもりなど毛頭ない。これが中国の一貫したやり方、常套《じょうとう》手段です。

しかしながら、今回はその手は通用しない。中国側が約束を破ったところでまた関税をかけられるからです。要は習主席にとって、この問題は永遠に終わらないのです。

渡邉　アメリカとしては、最終的な覚書となる原案の最終項目のなかに「検証プロセス」を入れてきます。

石平　そう、そこが非常に重要です。

渡邉　検証で問題があれば、違反があれば、当然、アメリカ側は懲罰的賠償をかけてきます。それは過去の実例が如実に物語っています。アメリカは契約法の国なので、契約違反が割に合わないものであることは習主席だって認識しています。

アメリカが仕掛けた地雷を習主席はできるだけ踏まないように逃げ回っている。これが現状です。でも、アメリカ経済の状況、ワールドサプライチェーンの組み換えの進捗次第で、習主席は追い詰められるでしょう。逆にトランプはトランプでそのカードを大統領予備選挙の材料に使ってくるかもしれません。

アメリカではこのところ連日のように中国人による産業スパイ問題が報じられています。この分だと映画も世相を反映して、中国人が悪事を働く映画が大量に出来上がって、プロパガンダが始まるでしょう。映画「レッドゾーン」はもともとは中国の工作員がアメリカで暗躍するという設定だったのを、中国が圧力をかけて北朝鮮に切り替えてしまった。

トランプ政権は一八年、対中戦略のためのPR会社を雇っています。ということは、そこを使って、映画はじめさまざまなメディアで中国に対するネガティブキャンペーンが繰り広げられるのでしょう。したがって、議員も選挙に勝つためには中国叩きが票に結び付くことになります。

石平 しかし中国にとって、アメリカとの角逐は永遠に終わりそうもない。仮にある程度合意に達したとしても、それで貿易戦争が終わったという意味ではない。新しい段階に入る、フェイズ2に移行するというだけの話です。

アメリカ製品の輸入量、内部改革、知的財産権の窃盗等々、常にアメリカとの約束を履行しているかどうかをチェックされ、落ち度があればまた雷が落ちてしまう。習主席にとっては終身刑を科されたようなものですね。

半導体の覇権奪取をある程度諦めざるを得なくなった中国

渡邉 アメリカが今回の合意で金額を増やすものは、まず大豆ですよね。大豆については、中国側がアメリカの大豆農家に対してアンチトランプの新聞を織り込んで話題になりました。ところが中国としては、大豆の自給率は一四％しかない。肉食化が進む中国でアメリカからの大豆を止めたところで、国内の豚肉の価格が上がって逆に反発を受けるだけです。ですから、大豆については中国が高関税をやめてどんどん買うのは自然な形で、別に貿易戦争とは関係のない話なのです。

中国がアメリカから買うと示しているもののなかで、やはりポイントになるのは半導体です。一八年からの騒動でいまはほとんど買っていないけれども、半導体の輸入金額は相当なものになります。しかし、アメリカから半導体を買うということは、「中国製造２０２５」の半導体三社は半導体の完成品の国産化をなかば諦めたということを意味します。

石平　なるほど、それは凄い。要するに、アメリカに依存する構造はもう変えられないわけですね。

渡邉　変えられない。先に述べたように、ＪＨＩＣＣ（福建省晋華集成電路）は半導体の製造装置をつくれない。全工程をカバーする技術がないわけです。だから結局、中国としては半導体の覇権奪取をある程度諦めざるを得ません。

石平　中国経済のアメリカに対する依存度を引き上げるわけだ。アメリカのものを輸入すれば輸入するほど依存度は高まる。しかもさっきも渡邉さんが指摘したように、アメリカが中国から輸入するものについては代替品がいくらでもあります。

渡邉　時間をかければね。

石平　別のところで調達すればいい。しかし半導体製造装置や制御装置などについては、それがかなわない。アメリカに依存する形になってしまうと、いずれアメリカが中国を潰すのは、ボタン一つの問題になってしまいます。

渡邉　依存度が高まるということは、一種のアヘン戦争を、もう一回やっているようなものとも考えられます。

アメリカは中国市場など欲していない

石平　結局、中国がいま選ぶ道は二つあります。一つは、アメリカに徹底的に対抗する。しかし、これでは潰される。もう一つは、それを避けるために主権も経済もすべてアメリカに明け渡す。日本語で言うところの生殺与奪の権利をアメリカに差し出す。習主席の歴

自動運転車でアメリカ企業を猛追する中国勢

米カリフォルニア州での自動運転車の公道走行試験の実験（2017年12月～18年11月）			
順位（前年順位）	社名（主な拠点の所在地）	走行距離（km）	介入頻度（km／回）
1（1）	ウェイモ（米国）	2,021,326	17730.9
2（2）	GMクルーズ（米国）	720,374	8376.5
3（18）	アップル（米国）	128,337	1.8
4（13）	オーロラ（米国）	50,163	152.4
5（10）	ズークス（米国）	49,510	3094.4
6（4）	ニューロ（米国）	39,717	1654.9
7（7）	オートXテクノロジーズ（米国）	36,548	307.1
8（11）	百度（中国）	29,118	330.9
9（16）	ポニー・エーアイ（中国）	26,322	1645.2
10（9）	ウィーライド・エーアイ（中国）	25,226	283.4
11（8）	プラスエーアイ（中国）	17,407	87.5
12（3）	ウーバーテクノロジーズ（米国）	13,224	0.5
13（—）	ロードスター・エーアイ（中国）	12,133	282.1
14（6）	**日産自動車**（日本）	8,808	338.8
15（5）	ドライブ・エーアイ（米国）	7,430	135.0
16（—）	ファントムエーアイ（米国）	6,677	33.3
17（21）	NVIDIA（米国）	6,666	32.3
18（22）	エーアイモーティブ（ハンガリー）	5,517	324.4
19（—）	ヌルマックス（中国）	4,886	71.8
20（—）	SFモーターズ（中国）	4,123	17.7
21（17）	ダイムラー（独）	2,815	2.4
22（—）	上海汽車集団（中国）	1,020	1.9
23（—）	**トヨタ自動車**（日本）	613	4.0
24（12）	アプティブ（米国）	462	—
25（—）	クアルコム（米国）	386	3.9

（注）米カリフォルニア州の公表データから日本経済新聞社が集計。一般に走行距離が長いと自動運転の実用化が近いとされる。介入頻度は走行距離を介入回数で割った値。企業ごとの安全方針や実験条件が異なるため、安全性や信頼性を単純比較できない。
出所：日本経済新聞（2019年3月8日）より

史的使命はここらあたりにある。仕方がなしに、習主席はアメリカに徹底的に対抗するという感じなのでしょう。

渡邉 いずれにしても、アメリカは中国の一四億人は要りません。アメリカも人口が余っているのです。巨大なる中国市場とか言っても、所詮《しょせん》は架空の市場にすぎない。不動産バブルが破裂すればどうなるかまったくわからない。そもそも中国人は一部を除いてアメリカ製品をほとんど買っていません。

逆に、一四億人を押し付けられたほうが迷惑でしょう。当事者の目から見ると、人口の多さは迷惑でしかない。先にもふれましたが、民主主義の〝運用〟の限界は三億人です。

それ以上の人間はコントロールできないので、結局、国家としては循環型経済をつくらなくてはならない。でも、もう中国人はおいしいものを食べることを覚えてしまったから、循環型経済は実現できませんよ。一四億人もいるのではね。だから、何度も言及してきたように、その大半は下放で農業生産をするしかないのです。

ベネズエラをめぐる米中の代理戦争

渡邉　貿易戦争に絡めて言うと、いま、世界中で米中の代理戦争が始まっています。まずはベネズエラがそうでしょう。ハイパーインフレにより食料の調達すらままならなくなったベネズエラでは国民の周辺国への脱出が続いています。ベネズエラ議会の発表によると、一八年一二月の物価上昇率は年率一六九万％。また国際通貨基金（ＩＭＦ）はベネズエラのインフレ率は二〇一九年中に一〇〇〇万％に達すると予測しています。

西側諸国とアメリカは、マドゥロ氏を大統領と認めず、グアイド氏を暫定大統領とした。そして、グアイド氏がアメリカなどからの食料等人道支援物資を市民に届けようとするのをマドゥロ氏とその支援者が反対し、各地で紛争が発生しているのです。

これはベネズエラの問題であるとはいえ、米中の代理戦争的な側面が強い。グアイド氏が正式な大統領になれば、ベネズエラは正式にデフォルトを宣言し、ＩＭＦなど国際機関の下で債務整理を行う可能性が高い。この場合、これまでの中国のベネズエラ向け融資はほぼ帳消しにされ、中国の持つ利権もほぼ失われる。

また、これが成功すれば後に次ぐ国が多発するものと思われ、一帯一路に破滅的なダメージを与えることになる。だからこそ、中国はこれを絶対的に阻止したいのです。

しかし、地政学的にはベネズエラは南米であり、アメリカの庭であり、直接的な軍事介入できる場所にはありません。できるとすれば周辺国に圧力をかけ、アメリカの陸上からの侵攻を妨げることぐらいでしょう。それもやりすぎればアメリカの不興を買い、米中貿易協議に大きな影響を与えることになる。また、米中の冷戦は本格化し、アメリカの他国への中国排除圧力も強くなる。そうなればベネズエラの融資の焦げ付きどころではなくなる可能性が高い。

マドゥロ氏は、いまの地位を維持するために必死の抵抗を示しているけれど、米軍が国内に入れば瞬時にマドゥロ氏の勢力は瓦解するものと思われ、国民も国家債務を帳消しにしてくれ、市民に人道支援物資を配るアメリカ側につくことが予想できます。そして、これが起きたとき、いまの既得権益はアメリカ側とそれに近い人物に再配分されることになるはずです。

かつての宗主国の権益を奪取する中国

渡邉　次はインドとパキスタンの衝突です。もともとはイギリスが分割統治をしてきたところですよね。インドとパキスタンという二つの国に分断することによって弱体化させる戦略をとってきました。しかもそこには宗教的対立も存在することから、インドとパキスタンは衝突し続けてきました。

グローバリズムの時代に入ってきてインドとパキスタンの対立も緩やかに収まりつつあった。ところがパキスタン側は核保有するインドに対抗するため、中国から技術を輸入する形で核開発を成功させ、核保有国になってしまった。そしていまは中国からの大量の資金を受け入れ、一帯一路による国家発展を狙っています。パキスタンの軍事的拠点となる地域を開発した中国は、そこの権利を獲得しています。

そのような状況において、インドとパキスタンは再び衝突を起こそうとしている。これも代理戦争ですよね。こうした形でそれぞれの国民がナショナリティを認識しだして、いわゆる偽りの平和に疑念を抱きはじめたのではないでしょうか。

たとえばソロモン諸島はじめ南太平洋の国々において中国は援助を絡めながら、着々と権益を拡大しており、旧宗主国オーストラリアを激怒させています。オーストラリアの背後には当然イギリスがいるし、フランスはフランスで、かつての仏領インドシナの国々への中国の侵略を快く思っていません。

アフリカ権益については、もともとはヨーロッパ勢の独壇場でした。とりわけ大英帝国時代のイギリスは喜望峰をはじめとした重要港湾、重要拠点をすべて押さえていた。

これらを含めた世界中の権益を中国はオセロゲームのようにひっくり返しており、イギリス側も激怒しています。イギリスはなるべく表に出ない格好でアメリカをけしかけ、中国をデフォルトさせることで、中国に奪われた権益を奪い返す共同戦線を敷いています。

中国とアメリカの対立が深まるなか、周辺国は中国を選ぶのかアメリカを選ぶのか迫られており、これは経済だけの問題ではありません。繰り返しになりますが、中国が一帯一路で手に入れた（入れようとしている）ものは、海と陸の軍事的要所であり、そこをどちらが取るかで軍事的勢力図が大きく変わる。南シナ海の人工島がその典型であり、中国が一帯一路で港湾開発を進めてきた場所は、すべてそのような場所なのです。

当然、これはもともと権益を持っていた欧州勢の権益を奪う行為であり、それは衝突の大きな原因となるわけです。

本心では中国を一番恐れている北朝鮮とベトナム

石平　一九年二月末に行われたトランプ米大統領と北朝鮮の金正恩朝鮮労働党委員長の二回目の首脳会談は物別れに終わりました。北朝鮮が核開発プログラムの大半を放棄する代わりにアメリカが制裁を解除するという合意に達することはありませんでした。

今回の会談には核問題を解決するかどうかのほかに、もう一つ隠されている大きなテーマがありました。

今回の会談が面白いと思ったのは、北朝鮮主導の会談場所の決定についてでした。ベトナムの首都ハノイ。第二次世界大戦後、アメリカがアジアで行った大きな戦争は二つ、朝鮮戦争とベトナム戦争でした。朝鮮戦争では北朝鮮の背後に中国、旧ソ連がいたわけですが、アメリカと戦ったのは基本的に中国軍だった。三年間、アメリカはかなり苦しめられた。

またベトナム戦争では、どうしてあんな小国の北ベトナムがアメリカに勝てたのでしょうか。毛沢東時代の中国が、北ベトナムが欲しいものはほとんど与え、徹底的に支援をしたからでした。それでまたアメリカは苦しめられた。結局、アメリカはベトナム戦争、朝鮮戦争で、中国にしてやられたわけですよ。

しかし、ベトナム戦争終結後、和解したアメリカはベトナムと非常に良い関係を構築した。オバマ政権時代にはベトナムに武器輸出までしています。ベトナムにとりアメリカは脅威ではなくなったため、中国は二度とベトナムを使ってアメリカを苦しめることはできなくなりました。実はベトナムも北朝鮮も、本心から一番恐れているのは、対米戦争のときに後ろ盾となった中国なのですね。

この両国は中華帝国に侵略されて植民地化された経験があります。両国にすれば、むしろアメリカの支援を取り付け、アメリカとの関係を強化することにより、隣接する大敵中国を牽制したいのです。したがって、アメリカはうまくいけば今後北朝鮮とベトナムとの関係次第で、中国のアジア封じ込めを完成できるかもしれません。

私はそういう視点で米朝首脳会談を見ていたけれど、多くの日本のマスコミは表面的なことしか見ていないようでしたね。しかしおそらく隠されたテーマの一つはこれです。だから、正直言って、一番面白くないのは習近平国家主席です。

渡邉　なぜ米朝首脳会談をベトナムでやったかというと、ベトナムの歴史はフランスの統治下から始まるのですが、独立後にベトナムは中国と戦って勝利しています、ベトナム戦争においてはアメリカを追い出していますし、非常に独立性が高い民族なのです。そしてボートピープル全盛時、中国人の華僑をすべて国外に追い出した。ですから、アジアのなかで唯一華僑がいないという特殊な国なのですね。

そして同じ共産主義を共有しているとはいえ、中国の影響をもっとも嫌っている国がベトナムといえます。ベトナムはある意味日本に近い気がします。繊細な刺繍《ししゅう》ものの生産が非常に有名で、手先が器用な国です。一方ではＩＴ事業が発展しています。

とにかく独立心の強い国で、共産主義一党独裁を認めながら、国民が平和に過ごしている国なのです。おそらくアメリカは米朝首脳会談の場を意図的に選んだ。中国にとっては中立国でもありますからね。石平さんが言われたように、オバマ政権以降完全に親米国家になってきており、習主席にとって面白くなかったでしょう。

二〇一八年に行われた米朝首脳会談の最優先項目は、北朝鮮の体制の保証ではなく、アメリカと北朝鮮との安全保障条約でした。どの国からの攻撃を守るのかということです。

石平　そこが大事です。

渡邉　ロシアも中国も当然、それに該当しているわけです。けれども、ロシアの確率は限りなく低いわけで、そうするとやはり中国ということになる。
　今回は物別れとなりましたが、北朝鮮側がすべての核ミサイル発射基地の場所を教えれば、アメリカ側は何らかの見返りを出すと同時に、それが本当かどうかを確認するためにアメリカの検証部隊、つまり在韓米軍を北朝鮮側に移動させます。

「ワームビア法」のターゲットになりかねない三菱UFJ銀行

渡邉　米朝首脳会談決裂後、アメリカ側からも北朝鮮側からも動きが出始めました。アメリカ議会上院は北朝鮮への経済制裁を強める法案、「ワームビア法」を再発議しました。この法律は、北朝鮮と関係したものに対して、二次的制裁（セカンダリーボイコット）を強めるものであり、これまで大統領判断で「二次的制裁を行うことができる」としていたものを「二次的制裁をしなくてはならない」と大統領に義務を与えるものです。
　このため、トランプ大統領は政治的裁量をすることなく、北朝鮮と関係した（国、組織、団体、個人など）に対して、無条件で制裁が掛けられることになります。制裁が掛けられた場合、アメリカの国内銀行口座は凍結され、さらに世界中の銀行口座が廃止または凍結されることになります。銀行がこれに従わなければ、銀行に対しても制裁が掛けられ、銀行が破綻危機に陥ることから外国の銀行もこれから逃げられないわけです。

提出者のパット・トゥーミー議員は、中国などの銀行が主なターゲットになるとしており、日本の銀行も例外ではありません。先日、北朝鮮のマネーロンダリングを指摘された三菱ＵＦＪなど、今後、さらに口座開設と国際送金に関する監視が強まるものと思われます。

一方、北朝鮮ですが、廃止されたはずのＩＣＢＭ発射施設などで新たな動きが観測されています。同時にアメリカ軍などはＢ52Ｈ爆撃機を二機、南シナ海、東シナ海に派遣、嘉《か》手納《でな》のＵ‐2Ｓ高高度偵察機四機を使い日本海周辺から北朝鮮への監視を強めています。また、ボルトンも北朝鮮への制裁強化に言及、北への圧力を強める形で対応しています。

ＧＨＱモデルで生き延びる北朝鮮

渡邉　いまの北朝鮮の金正恩政権がアメリカとうまくやりながら国際社会に復帰する方法

は、基本的にはアメリカが日本で用いたGHQモデルしかありません。

つまり、天皇制です。金正恩を天皇として担ぎ上げ、その下に民主主義議会をつくるのです。これとベトナムモデルを融合させる。ベトナムは一党独裁ではあるけれども、かなり民主主義的な状況に変わってきています。この二つのモデルを融合させれば、北朝鮮としては、とりあえず金正恩政権のままで国家の繁栄も得られる。

アメリカとしては朝鮮半島の根っこに同盟国をつくれば、うるさい韓国などどうでもよくなるでしょう。当然ながら、中国に対する牽制もできるし、ロシアに対する牽制もできる。アジアの橋頭堡を、半島の端っこではなくて、大陸に直接触れる根本まで持っていけるわけです。

石平　最近、全米で「アメリカの敵国はどこか?」という世論調査が行われました。以前は北朝鮮が敵国の一位で、二位がロシア、三位が中国でした。今回、北朝鮮は三位に転落していました。一位になったのはロシアで、二位が中国。しかし、トランプ政権の長期戦略が実れば、いずれは中国が一位に浮上します。

渡邉　なぜロシアが一位なのか。その理由ははっきりしています。民主党のプロパガンダのせいです。「ロシアゲート、ロシアゲート」と毎日、メディアから刷り込まれているわけですから。ですから、日本人にとってのモリカケと一緒なのです。

加えて、ハリウッドのスパイ映画で長らくロシアが敵だったこともあるでしょうね。そのイメージが残っている。さらに国家とは関係はないけれども、世界の大都市圏でロシアンマフィアがかなりはびこっていることもあるかもしれません。

ただ現実にはアメリカにおけるロシアの位置づけはそれほど大きなものではなく、これまで大量に入ってきた中国人のほうが断然多く、しかもアメリカのあらゆる分野であの手この手で存在感を誇示するので、生粋のアメリカ人からは本当に嫌がられています。ですから、実際の敵国一位はすでに中国になっている。

いずれすべてのイスラム国家を敵に回す可能性がある中国

石平　そうなると今後の世界は中国の共産党体制が潰れない限り、米中対立の構図で展開していく。中国はめでたく日米にとり敵国第一位。いずれはロシアが親米路線になってアメリカと仲良くすれば、習近平国家主席は世界で一番の敵となります。

渡邉　先にも少しふれましたが、実際にアメリカは新国連をつくるつもりなのか、国連の人権理事会、ユネスコなどから離脱を始めています。なぜかというと、国連自体がかなりリベラルに振れているからです。特に前の潘基文《パンギムン》時代、民主党の支持母体にいる人権派の人たちが大量に入り込んで、本来の国連としての役割を果たしていないというのがアメリカ側の言い分なのですね。

石平　いろんな意味において習近平体制の中国は世界全体にとっての敵になりつつある。たとえば、ウイグル人に対してのふるまいを見れば、人権意識の高い国は中国に対する見方を変えざるを得ません。加えて、この問題で中国は自ら墓穴を掘っている。イスラム国家を敵に回してしまったからです。西側を敵に回し、イスラム国家を敵に回し、習主席はさぞかし楽しいでしょうね。

渡邉　いずれ中東にあるイスラム国家、サウジアラビアはじめ湾岸諸国のすべてが反中に回る可能性があるわけですね。

石平　習近平政権が発足してからの約五年間を俯瞰《ふかん》してみると、一つの傾向が浮き上がってきます。それはアメリカの友好国がだんだん増えてきたのに対し、中国は逆に敵を増やしてきたということです。

いま中国の友好国になりたがっているのは、金欲しさのアジア、中南米、アフリカの小国と相場が決まっています。こうした国々は金の切れ目が縁の切れ目となるのは明々白々。中国からの支援が途切れたら豹変《ひょうへん》するでしょう。気がついたら習主席は裸の王様になっているかもしれない。

世界が習近平に感謝しなければならない理由

渡邉　中国がいまの状況を招いたのは、指導部の勘違い、誤解によるものではないでしょうか。二〇〇八年に起きたリーマン・ショック後、弱体化するアメリカを横目に中国は巨大な財政出動により世界経済を牽引した。その自らの実績を過大評価し、自信過剰となった。

だから、IMFのSDR（特別引き出し権）に入るとか、AIIBやブリックス銀行を創設するなど世界の秩序に対してどんどん対抗策を打ったわけです。たとえば、世界銀行にしても、IMFにしても、アジア開発銀行（ADB）にしても、すべてアメリカは単独拒否権を持って統治しています。自己の力を過信した中国は、それに対抗する組織をつくってもいいと考えた。

石平　要するに、牛丼の吉野家のとなりに三倍まずい牛丼屋を出店したようなものです。

渡邉　まあ、吉野家の隣に吉田家というコピーの牛丼屋を出店するようなものですから、アメリカは怒りますよね。自分の実力を勘違いしてしまった中国は田舎出の成金のようなものなのです。

胡錦濤や李克強が属する中国共産主義青年団（共青団）グループは秀才が多く、留学経験者も豊富で、海外にさまざまなパイプを持っています。ところが、習主席は浙江省、福建省などのドサ回り専門、要は国内政治だけでのし上がってきた。日本の政治家に喩《たと》えるならば小沢一郎さんみたいなもので、海外とのコミュニケーション能力がほとんどない。

共産党内における内部闘争では勝ち続けてきたため、内向きの見方しかできない。国際的な判断基準が備わっていないのです。ですから、これまで習主席が外向きにやってきたことはことごとく裏目に出た。「中国製造２０２５」を発表して、どうだ凄いだろうと胸を張ったら、「格好の的ができた。撃ってやれ」という具合で、アメリカに狙い撃ちにされてしまっている。喧嘩の仕方が下手すぎるわけですよ。

喧嘩をするなら目立たないように婉曲《えんきょく》的にぐるりと囲い込みを図ればいいのに、最初から刀を抜いてしまった。これでは叩かれても仕方がありません。

石平　われわれは別の意味で習主席に感謝しなければいけません。もし習主席がもっと思慮深くて、国際情勢がわかっていて、しかも仮面をかぶることを知っている老獪《ろうかい》な指導者だったら、アメリカはまだ目覚めていなかったでしょう。あと一〇年騙《だま》され続けていたら、アメリカだって危なかった。いきなり本性剝《む》き出してくれて、世界は幸いでした。この一年で、世界の中国に対するまなざしが大きく変わったことは大きい。

習近平の後継者と伝えられる人物

渡邉　繰り返しになるけれど、だから国民を外に出しては駄目だと言ったのです。国民までが中国の力を勘違いしてしまったのですからね。結果的に習近平は国民の自尊心をあおり立ててしまい、収拾がつかなくなってしまった。

ところで現在の党執行部のなかに習近平の後を継ぐような人材は育っているのか、石平さんにお聞きしたい。

石平　習近平は、あと二〇年は最高指導者に居座る気でいます。彼はいま六〇代だから、五〇代の連中は後継者にさせない。すると少なくとも二〇歳近く離れた若い世代が後継者にふさわしい。日本のメディアはノーマークですが、いるのですよ、そういう玉が。胡海《こかい》峰《ほう》といいます。一九七二年生まれの四七歳。習近平は六五歳だから、習近平とは一八歳の差がある。そう、あの胡錦濤の息子です。

胡海峰はもともと政治畑の人間ではありません。一九七二年生まれの胡は北方交通大学の大学院を卒業してから、清華大学傘下の技術開発会社のエンジニア兼社長を務めた。二〇〇九年一二月には浙江清華長三角研究院の党委員会書記に就任し、いわば共産党幹部となった。ただし、研究機関の党委員会書記は幹部ではあるが、その時点では依然として「技術者・研究者」の枠組みのなかにあってプロの政治家になったとは言えません。

胡海峰が技術者の身分から離れて政界入りしたのは二〇一三年五月、浙江省嘉興《かこう》市党委員会副書記に転任したときでした。この年の八月には、彼は同市の共産党学校の校長を兼任、政治家としての歩みを始めます。

この胡海峰の政界入りのタイミングと赴任地を勘案すると、その背後に習近平国家主席の影を感じるのは私だけではないでしょう。習近平が前任の胡錦濤から共産党総書記のポストを受け継いだのは二〇一二年一一月開催の党大会であり、胡錦濤から国家主席のポストを譲り受けたのは二〇一三年三月の全人代でした。胡海峰の政界入りはその直後の二〇一三年五月だったから、新任の習近平総書記・国家主席の意向が働いた可能性は十分にあろう。

胡錦濤は、江沢民《こうたくみん》が引退後も隠然たる力を維持し「院政」を敷いたのとは違い、ほぼ一〇〇％の権力を後任の習近平に委譲した。のちの習近平独裁体制の確立はここから出発したものといえる。そういう意味では、胡錦濤は習近平にとって恩人であると言えなくもない。したがって、習近平は政権の座に就いてから、胡錦濤への借りを返すために、子息の胡海峰の政界入りを助けたとしても何の不思議もない。

胡海峰が政界入りしてからの初めての地方勤務が浙江省であったことは意味深長ですね。浙江省は習近平が長くトップを務めた彼の地盤であるからです。

その後、胡海峰は嘉興市市長へと昇格、大いに中央メディアの注目を集めます。その典型例が二〇一八年三月、国営の中国新聞社が全人代参加のために上京した胡海峰市長に単独インタビューを行い、全国に配信したことです。全人代期間中、全国から集まった地方幹部は一〇〇〇人以上もいたのですから、党中央からの特別な指示がなければあり得ません。

浮上する習近平と胡錦濤の密約説

石平　実は胡海峰の市長在任中、管轄下の嘉興市南湖区で大きな騒動が起きました。数百名の農民が区政府の前で抗議活動を行ったあと、政府機関の建物を打ち壊す大暴動を起こしたのです。

南湖は中国共産党が結党直後、第一回全国大会を開いた場所。中国共産党の「聖地」の一つとなっていることから、南湖区で起きたこの大騒動は全国的にも注目され、嘉興市市長である胡海峰は責任を問われてもおかしくない状況を招いてしまったのです。ところが大変奇妙なことに、騒動が起きた直後、胡海峰は責任を問われるどころか栄転、同じ浙江省麗水《れいすい》市の党委員会書記に就任しています。

この麗水市は習近平肝煎《きもい》り、環境保護重視の重点都市で、どう考えても習近平の差し金としか思えない人事なのです。

以来、この胡海峰こそは習主席が手塩をかけて育てようとする後継者候補の一人ではないかとの観測が徐々に広がってきているわけです。

そして今年三月になると、胡海峰は近いうちに現在空白になっている陝西省西安市の党委員会書記に転任するだろうとの噂が全国で一気に広がりました。もしそれが本当であれば、小都市の麗水市書記から全国的大都市西安市の書記への転任はまさに大昇進、現在四七歳である胡海峰の将来の中央指導部入りはより一層現実味を帯びてきます。

渡邉　私のところにも中国の政治通から、習近平と胡錦濤の取引の話が伝わってきていいます。要は、共青団の領袖《りょうしゅう》を務める胡錦濤は、自分が死ぬまで習近平を全面的に支える。その見返りに、胡海峰を中央に引き上げ、ゆくゆくは政治局入りさせ、習近平の後継にするという密約が交わされているとの説が浮上しているのです。まあ、これは言ってみれば、胡海峰が人身御供《ひとみごくう》にされたという意味ですね。

石平　そう、人質です。ただしそういう意味では、習近平は外交オンチとはいうものの、国内政治は抜かりがない。習近平は実は江沢民派の後押しで共産党トップになった。本来ならば恩義に感じなければならないのですが、習近平はトップになった途端、江沢民派を潰しにかかった。これは簡単な話で、江沢民派を叩き潰さなければ、自分は永遠に江沢民の子分でしかないのですから。

それで江沢民派を潰すために胡錦濤派と手を組んだわけです。習近平は胡錦濤との密約を守り、二〇一三年に胡錦濤の息子・胡海峰を育てるために、自分の息のかかった浙江省の目立たないところに送り込んだ。

仮に胡海峰が現在五〇代後半であれば、「早くトップの座を渡せ」と造反する可能性があるけれど、彼はまだ四七歳ですから、脅威にもならない。四七歳の胡海峰にしたって、一〇年でも一五年でも待てるわけです。

第六章

中国が恐れる「トランプ訪台」の可能性

台湾に対してさまざまなカードを持つ中国

石平　台湾は東アジアで日本にとり非常に重要な国であって、台湾海峡は日本の生命線と言っても過言ではありません。中国は一方的に「台湾は自分たちの領土」だと主張して、しかも台湾の統一は、中国共産党の党是、国策として掲げています。習近平国家主席が憲法を改正してまで国家主席の二期一〇年の任期制限を撤廃したのは、台湾問題を解決するためと言われています。

おそらく習近平政権は、貿易問題でアメリカとある程度の決着をつけたら、その後は全力を挙げて台湾統一に取り掛かるはずです。

中国は台湾に対していくつかのカードを持っています。たとえば、経済カード。台湾経済はご存知のように、中国に対する依存度が高い。あるいは、台湾との関係がある国々に圧力をかけて台湾を孤立化させる外交カードも持っている。もちろん、軍事カードもあります。

習近平国家主席は二〇一九年一月二日、北京の人民大会堂で台湾問題について演説、「一国二制度の実現は国家統一のもっともよい方法だ。外部の干渉や台湾独立勢力に対する武力行使の放棄はせず、必要な選択肢は留保する。自分は次の代に台湾問題を先送りするようなことはしない」と早期統一を強く訴えています。渡邉さんは最近台湾を訪問したそうですが、全体的にどういう受け止めをされていますか。

アメリカの本気を示す「台湾旅行法」の成立

渡邉　二〇一八年二月、アメリカ議会は「台湾旅行法」を成立させて、台湾にアメリカの政治家、官僚が行けるようにしました。そして一八年六月には、在台大使館に該当する在台事務所を新設しています。五階建てビルの背後の裏山が地下基地になっていて、そこに軍事司令部、軍事基地が配されています。

さらに一八年一二月三一日、アメリカ議会は「アジア再保証イニシアチブ法案」を成立させています。これには台湾に対する継続的な武器の供与と米台における事実上の安全保障条約に近いような文言が盛り込まれている。

マルコ・ルビオを中心としたアメリカのブッシュ系の議員たち、無党派議員たちがトランプ大統領に対して、「アメリカ高官は台湾を訪問すべきだ」と言い出している。同時に、「台湾を国家認証すべきである」という意見も国内でかなり強くなっています。

これを裏で手引きしているのは、「台僑」の人たちですね。華僑と呼ばれる中国人はいくつかのグループに分かれていますが、日本の中華街などはその典型なのですが、戦前からいる中国人のほとんどは台湾人でした。つまり台僑の人たちで、これが第一世代。次が石平さんの世代。学生紛争から逃げる形で世界中に離散した三〇万人とも五〇万人とも言われる中国人です。これが第二世代。

そして二〇〇〇年前後から中国政府が国外に中国人を送り出せるようにした。これがニューカマーと呼ばれる人たち。カナダ、アメリカ、オーストラリア、日本あたりに渡って来て、その国で文化衝突を起こしているのは彼らなのです。

たとえば横浜の中華街ではオールドカマーが連綿と続けてきた老舗の△△飯店が、隣りに出店した、冷凍食品を使って一九八〇円の食べ放題のニューカマーの店に淘汰《とうた》されるような事案が日常茶飯に起きています。悪貨が良貨を駆逐する状態になっており、両者の対立がかなり先鋭化している。

いま台湾出身の人たちは、自分たちは台湾華僑だから、これからは「台僑」と名乗り、世界台僑協会を設立しようと動いています。ＥＵに関しても、議会のなかで台湾を国家承認すべきだという意見が出ているようです。これも台僑の人たちが働きかけている。彼らはアメリカのボルトン大統領補佐官などの防衛族と手を組んでいると聞きます。

戦後、台湾は沖縄とともにニクソンの電撃訪中まで安全保障上の核としてアメリカとの関係を維持し続けてきました。「台湾旅行法」を成立させたアメリカ議会では、蔡英文《さいえいぶん》を招いて演説をしてもらう用意があるといいます。その前にトランプ訪台が必要ですがね。

石平　ほお。それは結構衝撃ですよ、アメリカの大統領が台湾に外遊するのは。

渡邉　外交は上書きができます。ニクソン訪中の上書きをするには、トランプ大統領が電撃訪台をし、台湾を国家として承認してしまえばいいのです。その時点で日本も台湾を国家承認するし、ＥＵについても主要国が右にならえで承認するでしょう。

待たれる米海軍のスービック湾再配備

渡邉　中国が南シナ海に出てきて人工島をつくり始めた元凶は、アメリカ軍のアジア最大の海外基地だったスービックをフィリピンに返還したことでした。南シナ海からアメリカが手を引いた途端、中国が侵略を開始した。

ただ、このスービック湾の基地に関しては二〇一五年、オバマ前大統領とアロヨ前大統領との間で基地を復活させるとする合意ができていました。

ところが、次の大統領ドゥテルテとオバマが喧嘩をしたおかげでペンディングになってしまった。当然ながら、中国が嫌がらせや圧力をかけたこともあります。しかしながら、ようやくここにきて、ドゥテルテ大統領とトランプ大統領の間でスービック基地の復活計画がまとまりつつあります。

知ってのとおり、スービックは海軍基地なので、その気になれば短期間で基地機能を甦らせ、港湾施設が使えるようになります。日本の自衛隊も基地復活を支援するという話も聞こえています。何よりもスービック基地の復活により、台湾の安全保障が一気に改善されるのが大きい。台湾本体に先に手をつけてしまうと、台湾が直接の衝突点になるので、非常に危険であったからです。

仮にトランプ訪台にスービック基地復活が間に合わない場合、スービック湾に第七艦隊を配備し、場合によっては台湾海峡に空母を出動させる。そのための準備もすでに行われていて、実際やるやらないは別にして、航行の自由作戦で約二〇年ぶりにアメリカの艦艇が台湾海峡を横切る訓練が行われています。スービックについてはどのような形にせよ、アメリカ海軍を再配備させれば、中国を黙らすことができるでしょう。

石平　しかも、かつてはアメリカ艦船が台湾海峡を通過すれば、中国は激しく吠えたものでしたが、いまはほとんど反応しません。アメリカと対抗する気力もないからで、米中貿易戦争が別の意味でカードになっている。

いまは「大人しくしていないとまた関税を引き上げるぞ」というのが習近平国家主席にとって一番効き目のある脅しになっています。このカードをうまく利用して、もしもトランプ大統領が電撃訪台するならば、習主席は窮地に陥る。強く反発すればアメリカとの関係は完全に対立し、もはや貿易戦争どころではなくなってしまう。

渡邉　だから、トランプ大統領は米中貿易協議を行っている最中に航行の自由作戦で、米艦船に台湾海峡を突き切らせたわけです。

トランプの電撃訪台という荒業

石平　一九年一月、習主席が演説であらためて中台統一に言及したことに話を戻すと、あれは国内向けのメッセージの意味合いもあります。アメリカに対して弱腰だという批判が国内に出てきており、それを払拭《ふっしょく》するためには強気の発言が必要だった。ところが、中台統一にふれたことで、海外からの圧力がさらに強くなってしまいました。

渡邉　トランプ大統領の訪台にはもう一つの理由があって、それは二〇二〇年一月に行われる台湾の選挙です。台湾の総統選の直前にトランプ訪台を敢行するのがもっとも効果的なのです。

ご承知のように、いま、民進党はかなり厳しい状況にあります。民進党は独立派ではあるのですが、ずっと国民党一党独裁状態が続いてきた台湾において、ある意味ルサンチマンの塊のような側面を持っています。国民党という権益者に対する反発で民進党に入っている人もいて、基本的に民進党は左派なのです。台湾独立を除けば、その政策は日本で言えば、昔の社会党に近い。反原発、クリーンエネルギー、同性婚賛成といった具合で、都市部の民進党の支持者はほぼリベラルですね。

けれども、民進党の本来の母体であった台湾南部は、農民が中心で保守的な土地柄です。前回の統一地方選で民進党はボロ負けし、地盤とする台湾南部の議席を失いました。理由は民進党のリベラル政策に対する反発でした。なぜなら、子孫繁栄を旨とする農家の人たちにとり、同性婚などとても受け入れられなかった。加えて、キリスト教団体が大反発した。特に南部はオランダの植民地でしたから、当然ながらカソリックが多い。カソリックは同性婚については基本的には「ノー」ですからね。

このままいくと民進党が負けて、親中派が息を吹き返す恐れがあります。それはアメリカ、日本にとり具合が悪い。したがって、一九年一一月、一二月あたりに電撃的なトランプ訪台が実現すると、蔡英文総統の株が一気に上がるはずです。

さらにトランプ訪台の前に、アメリカ議会に蔡英文を招いて演説をさせるというプロジェクトが水面下で進められているようです。これが実現すれば、台湾の断交史上、画期的な出来事となるわけで、台湾の国民世論が一気にひっくり返ると思います。実現の成否は米中貿易戦争の経緯、他国との関係によりますが、アメリカはカードとして持っている。

石平　それこそ、米朝首脳会談の意味が出てくる。いったん北朝鮮が完全に大人しくなって、アメリカと仲良くする。そうなれば、アメリカは余裕を持って台湾問題に突っ込むことができる。

台湾企業の喫緊の課題となるサプライチェーンの切り替え

渡邉　それと日本の基地問題が解決して、すべての基地に米軍が駐留するようになると、沖縄の基地は単なる後方支援基地になります。これまで沖縄の基地は南シナ海に向けての最短の基地だったのが、南シナ海側の面倒を見なくて済むようになるのです。朝鮮半島問題にしても米朝会談がうまくいくとリスクが一気に軽減、在沖縄の米軍基地の位置づけが一気に変わってきます。

アジア全体の安全保障に対するアメリカの姿勢はオバマ時代から見直され、その重心をアジア・太平洋地域に移そうとするリバランス（再均衡）戦略と呼ばれてきました。アメリカとしては先刻述べたスービックが手に入れば、台湾海峡の安全性を保てるし、台湾の高雄、基隆は米軍艦船の寄港地として採用される可能性があるのです。それとトランプ訪台と絡めて考えると非常に面白い別のシナリオが浮上してくるし、日本にとっても望ましい。

石平　私がもっとも懸念するのは、中国は外交・軍事でアメリカに対抗できなくても、台湾に対しては経済手段を使う可能性があることです。中国は台湾に対する経済カードを持っていますからね。台湾経済の中国依存はどの程度まで深まっているのでしょうか？

渡邉　台湾の全輸出の四九％が中国向けです。数字自体は非常に大きいのだけれども、台湾自体の経済規模はさして大きくはありません。アメリカや日本に比べるとね。だから、中国向け輸出を他の国が吸収できるかどうかということになります。

消費者向け商品は台湾企業のブランドが付いているけれども、大半がメイド・イン・チャイナ。台湾国内で生産しているのはキーパーツなどで、それを中国に輸出して、中国で組み立てて、世界中に輸出している構造なのです。これをアメリカやメキシコのサプライチェーンに切り替えようとしているのが、世界最大の受託メーカーのフォクスコン（鴻海科技集団）です。

このフォクスコンモデルが今後の台湾企業のビジネスモデルとなるのでしょうが、サプライチェーンの切り替えがどこまでできるかが問題です。おそらく短期的な影響はかなり大きいと思います。先にも指摘したように、中国から脱出したい台湾企業は山ほどあるのですが、資本の移動が禁じられているわけです。資本を中国から持ち出せないので、撤退できない。撤退を仄《ほの》めかすと、これまで中国政府が与えた優遇処置を全部返せと迫ってくる。

中国から里帰りする台湾企業

石平　台湾も民主主義国家になってしまったからね。中国からすれば、それは台湾の弱点です。中国と台湾の間にいざこざが起きたとき、中国側は「お前たちからの輸入を全部止めるぞ」と台湾側を恫喝《どうかつ》できる。この恫喝が台湾の選挙にも影響してくる。中国向けの輸出で食べている台湾企業、あるいは農家は恫喝に屈して、「蔡英文を当選させない」動きが出てくるかもしれません。民主主義に則った選挙だから、アメリカも手出しできない。

渡邉　台湾の真ん中、台中は日本でいうところの太平洋ベルト地帯、工業地域になっています。そこに豊原という巨大な工業団地があって、日本ならば豊田市とか岡崎市とか浜松市みたいなイメージなのです。分野でいうと鉄鋼、半導体などを生産するメーカーが集結していた。

ところが、一九九〇年代の中国進出ブームに乗って、豊原のメーカーがこぞって中国に進出したことから、工業団地はゴーストタウン化していきました。それがここ一、二年、様変わりしているのです。一気に中国から戻ってきている。AUO、太陽油田はじめさまざまな企業が里帰りしています。企業によっては中国の資産を〝捨てて〟でも戻っているのです。

一方、中国から私的財産権の侵害を強く受けていても、強く出られない台湾企業も多くあります。そういうところは知恵を絞って、自己防衛に励んでいます。アメリカに設立してある米本社に特許やパテント、知的財産権部分を渡し、形式上アメリカの権益にして、中国や台湾の工場で生産を続けているのです。

石平　もう一点加えておくと、一九年一月二日、習主席が「台湾を香港同様、一国二制度の下で統治する」と宣言したのは大失敗だったということです。これで台湾はますます中国から遠ざかってしまったからね。国民党でさえ一国二制度を拒否せざるを得なくなったのだから、大袈裟《おおげさ》でなく歴史的転機を促したといえます。

渡邉　そう。イギリスは香港返還で中国に騙されましたからね。返還後五〇年間、一国二制度を守ると約束したのにあっさりと覆された。逆にイギリスにとっては突っ込む要素になりましたがね。

中国人の常識となっている「台湾は中国の領土」

渡邉　市井の中国人は台湾についてどう見ているのか、あらためて石平さんにお聞きしたい。やはり、中国の領土みたいな感覚なのでしょうか？

石平　残念ながら、中国共産党による七〇年の洗脳で、基本的に中国人民の九九・九九％が中国の領土だと信じています。台湾は中国の一部、これは浸透している。たとえば反共産党の中国人も、海外で民主化運動をしている中国人も、少なくとも公の場では彼らの大半は「台湾は中国のものです」と言うでしょう。

渡邉　それに対して古い台僑の人たちは猛反発していて、分裂が世界的に見える格好になってきています。

台湾で気をつけなければならないのは、台湾資本のメディアが三社しかないということです。テレビの民視（民間全民電視）、三立電視、新聞の自由時報の三社のみで、それ以外はもともと軍部が持っていたり、国民党の宣伝機関だった。

中国時報はかつては名門新聞社だったのですが、中国の菓子メーカーの旺旺《ワンワン》グループに買収されてからは中国政府の言いなりになってしまった。日本の尖閣諸島に台湾から漁船が来た事件がありましたが、あのスポンサーが旺旺グループで、事実上、中国の宣伝機関になっています。

もう一つ聯合報という最古参の新聞社があります。ここは完全な中国共産党寄りではないけれども、やはり大陸の人たちがそれなりに力を持っているという感じですかね。あとはアップルデイリー（蘋果日報）でしょうか。ここは香港資本です。

石平　中国人の台湾観に戻すと、仮に習主席が「台湾は中国の領土である。これから軍事侵攻を開始する」と宣したら、誰も反対の声を挙げないと思います。反体制の知識人でも反対しません。誰かが「台湾は中国のものではない」と声高に言ったら、その場でビール瓶で殴られます。これは常識ではなく、一種の宗教のようなものです。

けれども、中国人の誰もが台湾を一日も早く奪い返したいと思ってはいない。なぜなら、誰の利益にもならないからね。

たとえばアメリカが電撃的に台湾と国交を結んだ。直後にトランプ大統領が台湾を訪問した。そのときに習近平政権が対抗策を打ち出せなければ、この政権は無能政権のレッテルを貼られて終わります。

渡邉　しかしながら、アメリカの艦隊がスービックに常駐していれば、いまの中国の海軍力では台湾を攻撃できないですよ。だからスービック基地復活が最大のポイントになるわけです。

さらに南シナ海の航行の自由作戦には、イギリス軍とフランス軍とオーストラリア軍、さらにインド軍と日本の自衛隊が参加しているから、一朝何か起きれば、共同で揺さぶりをかけられます。自衛隊には制約があるけれど、共同軍事演習には参加できます。そうなると、ロシアと日本との関係が重要になってきます。ロシアまで敵に回すと、中国はもう何もできません。

石平　米台が国交樹立、トランプ大統領の訪台を実現するにはきわめて高度な戦略と戦術が必要です。しかもこれは電撃作戦でなければ成功しない。習近平国家主席に反応する時間を与えない。突然の敢行しかない。

渡邉　一番良いのは安倍さんがトランプ大統領と一緒に行くことです。上海か北京で国際会議があって、その帰りに二人は台湾に立ち寄る。これでは中国は何もできないですよ。

でも、トランプ大統領に電撃訪台をされ、台湾の国家承認が行われても、たしかに習主席の威信は落ちるけれど、彼を失脚させるだけのアクションが中国内で起こるかどうか。

私は起きないと思っています。

台湾の若者には台湾か中国かという二択は存在しない

渡邉　よく親中派とか知中派とか言われるけれど、台湾の場合は明らかに大陸派なのです。もともとは蔣介石の時代に本土を追われる形で中国各地から人が集まり、台湾島に逃げた。当然彼らの多くは大陸に郷土愛を持っていた。これが台湾第一世代の人たちですが、戦後これだけの時間が経つと、第一世代はほとんど亡くなっています。生きていれば、大勲位の中曽根康弘さんぐらいの年齢に達している。そのなかにも郷土愛を持つ人は一定割合はいるでしょう。

石平　ただし、そうした第一世代であっても、中国共産党はどうかとなるとまた別ですね。そしていまの台湾の若者たちは、自分たちが中国人だという意識はない。台湾か中国か、という二択は存在しません。自分たちは台湾人というアイデンティティに貫かれています。

渡邉　時代力量（時代の力）という若い世代の人たちの政党が持っている概念は台湾は台湾でもともと独立しており、中国の一部などではないというものです。

ただし、やはりビジネスのうえでは大陸でお金を稼いでいる人たちが大量にいるのも事実です。そういう人たちは大陸と喧嘩をしたくないというのが本音。二つの側面が同居しているのが台湾の実情でしょうね。

やはり相手は中国だから、当然金をつかませる、ハニートラップをかける、あらゆる手を使って台湾の政治家や企業経営者を籠絡《ろうらく》しているのは言わずもがな。台湾にとり中国の軍事的な圧力より恐いのは、台湾国内におけるテロではないでしょうか。中国が先導する形で武装暴動を起こす可能性もあると思います。台湾軍のなかに大量のスリーパーがもぐり込んでいると言われています。それも将校クラスとか上層部にかなりいる。

アメリカは台湾軍を信用していない。

ですから、今回のアメリカ在台事務所の建設はすべてアメリカ企業が請け、台湾の業者はいっさい入れていません。同時に、もし台湾において安全保障上、アメリカが軍隊の運用を行うとしても、自衛隊およびアメリカ軍が直接行うものとして、台湾軍とは提携だけに留めると言っています。

旧宗主国の日本がなすべきこと

石平　二〇二〇年の総統選挙には現職の蔡英文総統が再選に挑む方向でした。一八年一一月の統一地方選挙で敗北した責任を取って辞任した台湾与党、民主進歩（民進）党の頼清《らいせい》徳《とく》・前行政院長（首相）は蔡総統を尊重する意向を示してきたが、三月半ばになって態度を翻しました。

頼前行政院長は蔡総統に比してかなり独立志向が強い人物だけに、彼の出馬表明は中国を苛立《いらだ》たせるでしょう。とにかくこれで二〇二〇年一月に実施予定の総統選の与党候補争いは予断を許さなくなりました。けれども、どちらにしても助っ人が必要です。それは習主席とトランプ大統領の二人です。

まあ、蔡英文総統が出馬するとしましょう。習主席が台湾をさらに恫喝すれば蔡英文は助かります。そうすればトランプ大統領が台湾を電撃訪問する動機付けにもなります。民進党に対する支持は固まるでしょうし、ぜひ習主席には思い切り吠えてもらいたいです。

渡邉　台湾は半世紀にわたり日本の統治下にありました。旧宗主国の日本もやるべきことはやらなければいけません。一九七二年に田中角栄政権が、中国大陸を支配する中華人民共和国政府を「中国の唯一の合法政府」と承認し国交を樹立したため、日台は断交状態となりました。ただし、政府と政府は外交できないけれど、政党間での外交は可能であり、政党（自民党青年部）が事実上の外交窓口となってきました。

けれども、国民党とのパイプばかりが太く、現在の政権政党である民進党とのパイプは細い。民進党が政策的にはリベラルで自民党と相容れない部分があったからです。だからといって、日本としてはどちらが政権を取ろうが、誰が政権の担当者になろうが、台湾は日本の生命線、シーレーンにとってもっとも重要なので、民進党との間でも若手交流を中心とした新しいパイプをつくらなければなりません。そうした自民党の要請を受けて数年前から台湾にゆかりのある人物がその役割を担っていると聞いています。

台湾は、その歴史的経緯と経済的理由から、良くも悪くも中国と深い関係にあります。大陸出身者も多く、家族親族などを通じた交流も多い。そして、経済的には輸出の半分近くを中国に依存する構造になっているわけです。このため、米中の貿易戦争は台湾にとって死活問題であり、もっとも重要な政治的経済的トピックになっているわけです。

台湾はこれまで「米中どちらも明確に選ばないこと」を選んできたわけですが、これがもう不可能になっているのです。そして、民進党と蔡英文総統は、アメリカを選択しているわけですが、野党と党内には経済的観点などから親中派も多く、これが容易ではない状態にあるのです。また、国民のなかにも中国の発展にあやかりたいと考える人もまだ多数存在し、米中貿易戦争が容易に終結すると考えている勢力も多い。これは日本も同様であるのだと思います。

つまり、米中貿易戦争はトランプ大統領一人が仕掛けたものであり、トランプ政権が終わればこれも終わるという認識を持っている人も多いわけです。これは台湾メディアも同様であり、いまのアメリカ議会の状況（民主党まで反中になっており、大統領よりも強硬な意見が主流を占めている）を報じていません。日本も同様ですが、この部分の認識の〝転換〟から始めなくてはいけない。

本章冒頭で石平さんが言われた一九年一月の習主席による「武力を使っても台湾を中国の統治下におく」との発言に対しても、国内世論が割れています。独立派は強く反発していますが、親中派はこれまでどおり言葉だけのものと捉えているわけです。これにアメリカ側も危機感を持っており、ボルトンやマルコ・ルビオなどが台湾との積極的な連携を始めているわけです。

台湾防衛は日本の生命線

渡邉　ちょっと余談になりますが、中国本土では国民党と蔣介石はどのように評価、もしくは教育をされてきたのでしょうか。

石平　もちろん毛沢東時代までは、国民党と蔣介石は完全に悪の権化といった扱いでした。しかし鄧小平の時代になると、それまで共産党が隠蔽《いんぺい》してきた真実が徐々に明らかになってきました。

そして胡錦濤政権のとき、中国で民国ブームが起きたのです。中国の近代史には「民国時代」と呼ばれる時代があります。一九一一年に起きた辛亥《しんがい》革命の結果、中華民国が誕生。以来一九四九年に中国共産党が全国政権を樹立するまでの三八年間です。

中華民国政府を大陸から追い出していまの中華人民共和国を創建してから、中国共産党政権は一貫して民国時代を「暗黒時代」と定義づけ、極力貶《おとし》めてきました。なぜなら、民国時代が暗黒時代だったからこそ、それに取って代わった共産党政権の時代は「良き時代」と宣伝できるからです。

しかし二一世紀に入ってから、特に胡錦濤政権時代において、民国時代を見直そうとする運動が民間から自発的に起こった。それにより中華民国が大陸を統治した時代はむしろ経済と文化が繁栄し、知識人は言論と学問の自由を謳歌《おうか》した良き時代であるとの認識が広がったのです。

民国時代に使われた小学生用の国文や修身の教科書が上海の出版社から復刻された。それが全国の書店に陳列された途端に一気に売り切れとなって、各界から絶賛の声が上がりました。いまから約九〇年前に編纂《へんさん》された民国時代の教科書が再び歓迎されたことは、民国神話の根強さを示すと同時に、共産党政権下で編纂された現行教科書がいかに〝不人気〟であるかを証明したわけですね。

また大学の卒業式に民国時代の学生服や知識人の服装を身につけ卒業記念写真を撮るのが一大ブームになったし、民国時代を舞台にしたテレビドラマも流行りました。

習近平政権になってからはそうした民国ブームに急ブレーキがかかりました。民国時代が古き良き時代であるなら、民国政府を転覆させてこの良き時代に終止符を打った共産党の革命とは何だったのか、との疑問が当然出てくるからです。

渡邉　一時は大陸からの観光客が台湾に殺到していましたが、蔡英文政権が誕生して以降、中国側が圧力をかけることでその数は一気に減ってしまいました。まあどちらにしても台湾が存続してくれないと、中国がアジア全域、同時に太平洋に出ていくルートをつくってしまいます。

ですから、台湾を絶対に守らなければなりません。台湾を奪われることはアメリカのアジア太平洋戦略の瓦解を意味し、日本の安全保障の根幹に関わります。いまアメリカが一番恐れているのは中国の海軍力の強化です。これについてはロシアですら好ましく思っていない、という状況ですね。

第七章

もう完全にお仕舞いの韓国

完全に途切れてしまった日韓の政界パイプ

石平　三月に発表された複数の世論調査で、韓国・文在寅《ムンジェイン》大統領の不支持率が支持率を上回りました。支持率についても四四～四五％で過去最低を更新しています。二度目の米朝首脳会談が物別れに終わり南北関係改善が進まないこと、自らの発言で日本との対立を悪化させていること、かといって中国との関係もさほど進展しない。文在寅はアジアの孤児になってしまった。

渡邉　文在寅の過去をたどってみると、もともとは学生運動出身の左派活動家なのですよね。盧武鉉《ノムヒョン》政権時の秘書室長ということで、日本ならばさしずめ鳩山政権の仙石由人幹事長みたいな存在。盧武鉉政権は米韓関係を一気に悪化させた政権でした。当然、共産主義・社会主義寄り路線で、盧武鉉はアメリカに対して在韓米軍撤退と指揮権返還を求めました。これがアメリカと韓国の決裂の第一歩になったわけです。

さらに盧武鉉政権下の二〇〇五年、親日罪という法律が定められた。これはかつて日本から支援を受けていた人たちに対して、日本占領下において得た財産（主に不動産）、および子孫が相続したものまで全部没収するというとんでもない法律でした。この法律の制定により、韓国側で日本とのパイプ役を担ってきた人たちはほぼ全滅してしまった。

その後は李明博《イミョンバク》政権、朴槿恵《パククネ》政権という保守系の政権が誕生しました。この二政権は盧武鉉政権とは逆に、在韓米軍撤退を白紙化するよう要請した。そして朴槿恵政権の自滅後に文在寅が政権を担当することになったのです。

前後するけれど、朴槿恵政権はアメリカの要請に応じ、中国の脅威に対してミサイル防衛システムＴＨＡＡＤの導入を約束したのですが、党内の反発などからなかなか前に進めないでいました。反米の文在寅政権に移ってからは、ＴＨＡＡＤ問題は先送りされ続けています。

以上のような経緯のなか、日本側と韓国側をつないでいた政界パイプが途切れていき、残った太いパイプは二つしかなくなった。そのうちの一つがサムスンなのですが、李健熙《イゴンヒ》会長が五年前に急性心筋梗塞で倒れて植物人間状態になってしまいました。しかも後継者とみなされた彼の長男の李在鎔《イジェヨン》副会長が二〇一七年、朴槿恵大統領側に数百億ウォンの賄賂《わいろ》を送った容疑、いわゆる崔順実《チェソウォン》ゲート事件で起訴されています。

もう一つのパイプが日本ロッテの会長秘書を務めていた人物です。彼は李明博政権、朴槿恵政権のどちらにも絡んでいたのですが、こちらもロッテのお家騒動のごたごたのなかで存在感を失ってしまった。つまり、現在は日韓を取り持つパイプは完全に切れてしまっており、糸の切れた風船のような状態になっているわけです。

破綻した低所得者層向けに発動される「徳政令」

石平　韓国の経済状況もかなり悪いですね。

渡邉　人口五〇〇〇万人のうち信用不良者といわれる低所得者、個人破産者が大量に増えており、一八年、低所得者層の実質賃金は平均一〇数%も下がっています。文在寅の大失敗は、最低賃金を二年間で一気に三〇%も引き上げたことです。これでほとんどの会社が人を使えなくなったのですね。

特に中小零細の外食やサービス業は低賃金の労働者に頼っていたので、どんどんリストラが始まった。その結果、大量の自己破産者、借金を払えない人が出てきました。それに対して文在寅政府が行ったのは「徳政令」の発動でした。低所得層の一〇〇〇万円以下の負債については、三年間頑張って返す努力を続けたら残りは政府が救済するというものです。

韓国ではまともな金融機関から融資を受ける人はわずかで、約二〇〇〇万人がなんと年利二〇％以上の高金利ローンに手を出しています。

コルレス機能がストップした韓国系銀行の肩代わりをしている日本の銀行

石平　一般人は借金漬け。その一方で輸出型企業への銀行融資もかなり厳しい状況と聞いています。

渡邉　そうです。インフラ輸出産業がほとんど全滅で、違約金の支払いで大変な状況に陥っています。いわゆる造船・重工が大不振です。造船・重工に融資しているのが韓国の国策銀行である輸出入銀行、産業銀行などですが、造船への融資額が大きすぎて、単独では輸出信用状を受け取ってもらえない。そこで、日本のみずほ銀行や三菱ＵＦＪ銀行が保証枠を与えて、かろうじて生き延びているような状況なのです。余談ですが、ニューヨークにある韓国産業銀行はあのリーマン・ブラザースにとどめを刺した張本人でした。

二〇〇八年九月のリーマン・ショック時、身売り先を探していたリーマン・ブラザースに韓国産業銀行が融資すると申し出たはいいのだけれど、結局、時間切れになったという因縁があるのです。

一八年一〇月にFRBがニューヨークに支店を持つ韓国の銀行当局者を全員呼んで恫喝した。「北朝鮮がらみの融資が行われている形跡がある。これが発覚すれば大変なことになるぞ」

これは逆に言うと、アメリカや他国の銀行がほとんど直接決済をやめてしまったからです。アメリカのコルレス（海外送金にあたりその通貨の中継地点となる銀行のこと）機能はJ・P・モルガンとシティが持っているのですが、両行とも扱い金額の割にはリスクばかり高いので、コルレス先をこれまでの三分の一に減らしています。

北朝鮮への送金が取り沙汰《ざた》されている韓国系銀行に対する国際的な監視が厳しいなか、韓国系の銀行はニューヨークに送金ができない状態であり、コルレス機能がストップしています。

石平　これまた日本の銀行が助けているのですか?

渡邉　そうなのです。いまは日本の銀行をはじめとする数カ国の銀行が一時的にコルレス機能を代行、決済業務を行っている状況です。

ストライキ期間中も労働者に給料を出さなければならない韓国企業

石平　かつては韓国といえば財閥企業が強いと言われていたけれど、ここ数年は財閥解体の話が引きも切らず聞こえてきます。実際はどうなのでしょうか。先刻出てきたサムスングループについては健在というイメージがあるのですが……。

渡邉　そうですね。サムスングループの売り上げは韓国のGDPの約二五％を占めています。サムスンは持ち株会社の第一毛織の問題があるけれど、とりあえず財閥は維持しています。ロッテは叩かれっぱなしですが、ここも一応財閥は維持している。大韓航空を傘下に持つ韓進《ハンジン》グループが二〇一七年に経営破綻したように、その他の財閥の経営状況は押し並べて悪い。

サムスングループについて言い忘れたことがあります。サムスン電子については一八年、過去最高の業績を叩き出しています。仮想通貨ブームの恩恵にあずかったのです。仮想通貨のマイニング（採掘）向けの半導体、ハイパフォーマンスチップがバカ売れした。ところが、すでに仮想通貨ブームが終わってしまったので、今期はそうはいきません。

半導体二位のSKハイニックス。ここは一度経営破綻し、債権銀行団の管理下に入っていました。二〇一一年に韓国通信大手SKテレコム傘下となり、SKハイニックスに社名変更しています。同社もサムスン電子と同じ要因から、一八年は好業績だったけれど、このところメモリー価格が暴落、二〇一九年の業績悪化は必至でしょう。

石平　韓国の自動車の分野には財閥の一角を占める現代《ヒュンデ》自動車、あるいはルノー＝サムスン、起亜《キア》自動車などがありましたが、現況はどうですか？

渡邉　ヒュンデは中国ではほとんど売れず、撤退に追い込まれました。アメリカ、ヨーロッパも全滅状態でかなり厳しい。もう一社の起亜自動車については、一九九八年の経営破綻を契機に現代自動車の傘下となりましたが、現代と同じ運命をたどっています。

ルノー＝サムスンに関しては、日産自動車から請け負っていた受託生産が、二〇二〇年九月に中止になることが決定しました。この受託生産は、ルノー＝サムスンの生産台数の約半数を占めているので、大打撃になるはずです。

また、「ルノー＝日産＝三菱」のグループがアジア全域での生産体制を再構築するなか、いま「ルノー＝サムスン」の合弁生産からの撤退を本社が求めているとのことです。その理由は、二〇〇八年に盧武鉉政権がストライキの期間中も企業は労働者に給料を出さなくてはならないという法律をつくったからでした。

韓国には双竜《サンヨン》自動車というメーカーも存在するのですが、ここはインドのマヒンドラ社に買収されたので、もはや韓国勢とは言えません。

二〇二〇年から人口減に突入

渡邉　韓国の製鉄といえばポスコが知られています。ここはもともと新日鉄の技術と日本側の資金で設立された企業です。新日鉄が開発した特殊鋼生産技術をポスコが盗んだとする裁判でポスコ側が負け、いまはその特殊鋼生産量は新日鉄側に委ねられている。ということは、仮にポスコが新日鉄を本当に怒らせたら、生産量をゼロにすればいいわけで、ポスコの生殺与奪の権は新日鉄が握っているわけです。
それから、家電メーカーのＬＧ（ラッキー・ゴールドスター）を忘れていました（笑）。ＬＧは冷蔵庫などの白物が強く、かつてはフィリップスと提携してフィリップスブランドで世界展開していた時代がありました。フィリップスと袂《たもと》を分かったあとは、ＬＧブランドで

韓国の人口減少は日本よりも深刻

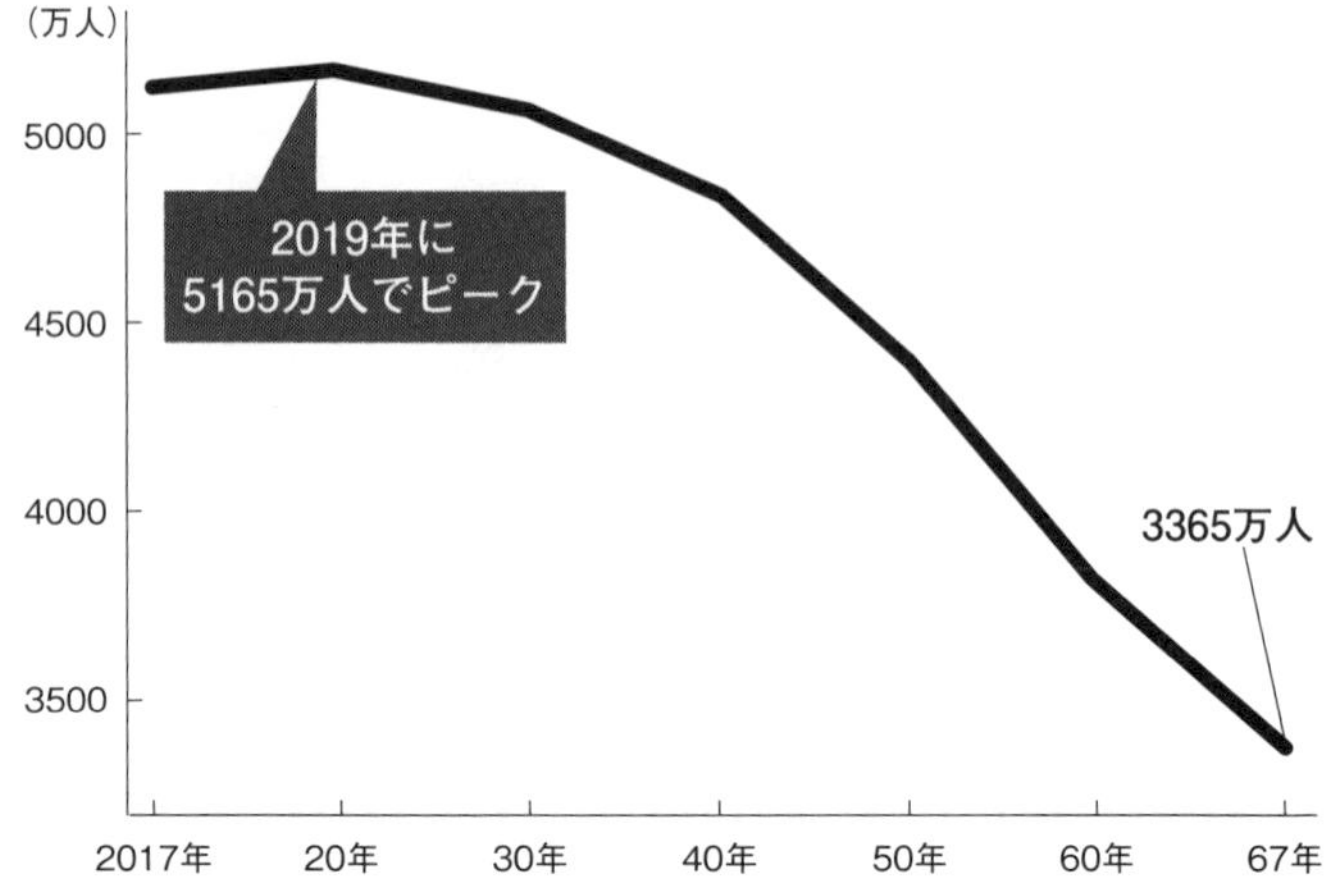

（注）出生率を低く見積もった「低位シナリオ」の場合
出所：韓国統計庁

冷蔵庫と洗濯機をメインに欧米輸出で活路を開いてきたけれど、トランプ大統領による輸入増税の餌食となる可能性が高いですね。

石平　話を聞いていると、一九年、韓国経済には良い話は何もない。

渡邉　韓国はアジア地域において貿易依存度のもっとも高い国の一つで、とりわけ対中輸出依存度が高い。したがって、米中貿易戦争によりこれからグローバルサプライチェーンが壊れていく過程で、韓国は大ダメージを受けます。台湾よりひどいかもしれません。

業者によっては日本もそのとばっちりを受けかねない。たとえばサムスン電子に基礎材料を供給している日本企業はいち早く、サプライチェーンの切り替えを見極めなければならない。

　アメリカの貿易統計を見ていると、アメリカ向け輸出がかなり増えています。NAFTAの国々、特にメキシコあたりはこれから急速に増えていくと思います

石平　しかも韓国は人口減少にも喘《あえ》いでいます。韓国統計庁によれば、早いと二〇一九年の五一六五万人をピークに二〇年には総人口が減少に転じます。しかも一八年の出生率が一％を切り、〇・九八％と世界でも最低水準を記録しています。人口減少といえば、日本も深刻ですが、韓国・中国はそれ以上に酷い。要するに社会に希望がないから、子供を産もうとしないのでしょう。

国際社会の沈黙をいいことに増長する韓国

石平　国内経済が瀕死《ひんし》の状況を呈し、また韓国系銀行が国際決済すらままならないなか、面倒をかけている日本に対して徴用工裁判を起こしたり、自衛隊機にレーザー照射したり、韓国の振る舞いは常軌を逸しています。

渡邉　レーザー照射に関しては、韓国船と北朝鮮船が瀬取りを行っている現場に、監視中の自衛隊のP-1哨戒機が来た。それを追い払おうとしてレーザー照射したのだと関係者から漏れ聞いています。ただ確証が取れていないことから、日本側は発表を控えているとのことです。

瀬取りとは、洋上での船舶間の物資の積み替えのことであり、国連制裁の対象である北朝鮮が瀬取りを行うこと、あるいは国連加盟国が北朝鮮の瀬取りに関与することは禁止されています。

韓国側は北朝鮮の船舶からSOS、救船信号が出ていたから人道的支援として救援のために行ったと言っているけれど、日本のEEZ圏内にあって日本の海上保安庁が北朝鮮船舶からのSOS信号を受け取ってないのは奇妙な話でしょう。SOS信号を受け取ってないのは日本の国会でも確認されているように事実なのです。

ですから、韓国軍艦艇が都合の悪い現場を押さえられて、レーダーを照射して海自機を追い払おうとしたというのがもっとも合理的な解釈となります。しかし、北朝鮮の瀬取りを支援するという違法行為が公になってしまえば、今度は韓国が経済制裁の対象になりかねません。これまで述べてきたとおり、すでに韓国は経済減速が伝えられており、金融機関の信用も著しく低下しているため、そうなれば通貨危機にも発展しかねないわけです。

石平　つまり、韓国側が海上で対北朝鮮船舶に石油なり何なりを渡したということですよね。

渡邉　渡していたら、韓国はアメリカの金融制裁の対象になってしまいます。逆に言うと、これを公にしてしまえば、アメリカは韓国に対して制裁をかけないわけにいかない。他の国とのバランスがありますからね。アメリカ軍としても悪しき前例を残したくない。だから日本も黙っている。

石平　なるほどね。日本が黙っている理由がわかりました。

渡邉　あえてアメリカも口出しはしません。口出しをすると調査を始めないわけにいかなくなるからです。あちこち重箱の隅を突つかれて、「なぜこの案件では制裁をかけているのに、こちらは制裁をかけないのか。アメリカはダブルスタンダードだ」と指弾されかねない。そんなこんなで国際社会の沈黙をいいことに、韓国は増長しまくっている。それが現実です。

石平　韓国側がごめんなさい、と一言謝れば簡単に終わる話ではないのですね。

二千数百年もの間、民族国家を築けなかった国

渡邉　当初は韓国側が素直にごめんなさいと言ってくるなら、日本側もさっさと引く予定でした。けれども、韓国の文喜相《ムンヒサン》国会議長が米メディアに対し「慰安婦問題の解決には天皇の謝罪が必要」とし、天皇陛下について「戦争犯罪の主犯の息子」とまで言及、引くに引けなくなってしまいました。

石平　賢い子は悪さもするけれど、自分が本当に助けてもらいたいときにはいい子になる知恵があります。韓国という最低のどうしようもない子は、奈落に落ちていくなか、みんなの同情を集めて助けてもらわなければならないのに、わざと悪さをする。これではもう救いようがない。お前はもう落ちるところまで落ちてしまえ、と言うしかありません。それにしても韓国の政治はおかしい。

渡邉　おかしいというか、あの国自体、自国民による統治が二千数百年もできなかったわけでしょう。国家として版図を持ち存続してきたけれども、国家としてまともな民族国家を運営したことはないと思いますよ。

石平　李氏朝鮮時代には完全に中国の属国でした。

渡邉　大清属国旗を国旗として崇め奉っていましたからね。こういう例は本当に稀《まれ》で、大英連邦の国々ぐらいでしょうか。

石平　われわれ日本人はずっと日本の元号を使ってきたけれど、李氏朝鮮時代は中国皇帝の元号を使った。だから中国の皇帝が交代すると朝鮮の元号も変わりました。

こうした韓国の歴史の推移を眺めてみると、結局、強い相手に対してはずっとコンプレックスを抱き続けながら、卑屈な態度を見せています。

この耐えがたいコンプレックスの解消法として、苛《いじ》めやすい相手を苛めることを覚えた。幸か不幸か、彼らにとり日本は苛めやすい対象だった。いまでは日本を苛める以外、自分たちの精神的バランスを保つものはなくなった。まったくひどい国としか言いようがない。もし個人であれば、そんな奴とは絶対に付き合いたくない。

韓国を忌み嫌う台湾人

渡邉　ちなみに韓国の国璽《こくじ》、外交文書など国家の重要文書に押す実印は、一九四八年の大韓民国樹立以来、五代目となっています。初代の国璽は紛失で行方不明。二代目は三五年使われてお役御免。三代目は一〇年使用後にひび割れが発覚して使用中止。四代目は製作者が伝統技法を用いず、国璽に使う金をくすねて印鑑をつくり役人に配ったりして、結局、廃棄処分。

現在の国璽は二〇一一年に製造されたものが使われているようですが、国家の実印が何か個人の実印よりもいい加減につくられ、扱われており、韓国という国柄を象徴している気がしてなりません。

石平 いい加減を通り越して、理解不能なところがある。

渡邉 中国人から見た韓国観も同じでしょうか？

石平 同じですよ。こんな連中とは付き合いたくない。

渡邉 台湾人も一緒の気持ちを抱いていると思う。もともと韓国と台湾はいわゆる分断国家であり、日本統治時代を経験した共通項を持つことで、友好関係にありました。ところが冷戦終結を契機に、韓国は中国に接近していきます。台湾はそれを阻止すべく、韓国と交渉を重ね、なんとか韓国に中国との国交樹立を踏みとどまらせていたのです。

そのとき韓国政府は台湾にある条件をつけてきた。それは当時の韓国は車の輸出が不振をきわめていたため、その買い取りを要請してきたのでした。それで台湾は数百万台の購入に応じた。ところが一九九二年に、韓国は台湾と国交断絶、中国と国交樹立を開いた。切り捨てられた台湾の怒りをよそに、これを韓国メディアは韓国の外交戦の勝利と報道した。この屈辱を味わって以来、台湾人は韓国人を忌み嫌っています。

アメリカの朝鮮半島専門家が述べた本音

渡邉　古森義久・産経新聞ワシントン駐在客員特派員がアメリカの有力な朝鮮半島専門家のラリー・ニクシュ氏にインタビューし、いわば「アメリカの本音」を引き出しているのでご紹介します。

ニクシュ氏は米国議会調査局や国務省で朝鮮半島や東アジアの安全保障問題を三〇年も担当し、現在はジョージ・ワシントン大教授や戦略国際問題研究所（CSIS）研究員で、これまで日韓両国間の問題について頻繁に見解を発表しているが、特に日本側を一貫して支持したという記録はないようです。むしろ慰安婦問題などでは日本側の一部の強硬主張を批判したりと、韓国側の立場の支持に傾くことも珍しくなかったといいます。だからこそ、彼の一連の日韓摩擦案件での韓国批判には重みがあると古森氏は分析しています。

いわゆる「徴用工」異常判決については、

「韓国裁判所の戦時労働者に関する判決が日韓間の条約や協定に違反する形で履行されるのであれば、日本政府は世界貿易機関（WTO）に提訴すべきでしょう。韓国側が日本企業の資産の差し押さえや現金徴収をした場合は、その金額に等しい額の関税を韓国から日本への輸入品にかけることを宣言すべきです。また、韓国側の当事者たちが日本国内から韓国に送金する際は特別な税金をかけるという警告も一策です。

日韓両国が過去の外交交渉において合意し誓約し合ったことに韓国側が違反して、日本企業への不当な経済措置をとるということであれば、日本政府は『韓国がWTOの規則に違反した』と主張できるはずです。報復的な関税や送金への特別課税は、韓国側に不法行為の代償を支払わせるという意味での予防、抑止の効果があると思います」

と言っております。また、韓国側の一方的な慰安婦合意破棄に関しても、

「日本政府は韓国への補償金の支払いなどにおいて、二〇一五年の日韓外相合意の規定を誠実に順守してきたと思います。だから今後も韓国側の対応のいかんにかかわらず、合意を順守し続けるという基本姿勢を保つべきでしょう。

【韓国が日本から輸入している品目ベスト10】

	品目	金額（100万ドル）	シェア
1位	半導体製造装置	5242	34%
2位	集積回路	1922	12%
3位	精密化学原料	1900	15%
4位	プラスチックフィルム	1634	43%
5位	古鉄	1624	61%
6位	高張力鋼板	1262	65%
7位	化学工業製品	1203	31%
8位	キシレン	1085	95%
9位	ダイオード、太陽電池	1052	34%
10位	半導体製造装置部品	949	29%

出所・韓国貿易協会。シェアは2018年の輸入総量に対する日本の割合。
日本経済新聞等を参考にまとめ。

慰安婦問題はもう終わりにするということの日韓外相合意にはアメリカ政府も公式に支持を表明してきました。その意味では同合意は単に二国間の申し合わせに留まらず、国際的な合意であり、公約です。その合意の全体を破棄するという韓国政府の言動はどうみても正当化できません。日本は慰安婦問題に関する再交渉や再協議にはいっさい応じるべきではないと思います」（「JBPRESS」二〇一九年三月一三日）。

と述べています。

韓国に対する経済制裁としてこれに加えるとしたら、韓国の基幹産業である半導体製造に不可欠なフッ化水素などの輸出を制限することも日本側は考えるべきでしょう。超高純度が必要とされる半導体用のフッ化水素は戦略物資に指定され、森田化学工業など日本企業の独壇場となっています。日本側が輸出を止めれば、サムスン電子やＳＫハイニックスは即お手上げ状態になってしまいます。結局、日韓関係が悪化して困るのは韓国のほうなのですね。

以下は韓国が日本から輸入している品目ベスト一〇になります。

米国としては、明らかに文政権の継続を望んでいない。日本も同様で、韓国の一番のウィークポイントは経済で、すでに自動車、造船は壊滅的で、サムスンも半導体価格の暴落で利益半減状態、最低賃金引き上げで内需も悪化、生活物資の物価上昇が発生、スタグフレーションが起きている。追い打ちをかければいいのです。

新元号令和の時代に期待するもの

石平　最後に新元号が「令和」に決まりましたが、渡邉さんはどのような感想を持ちましたか？

渡邉　そういえば、石平さんは御著書『[新装版]私はなぜ「中国」を捨てたのか』（ワック）

のなかで新元号は日本古典から採用すべきと提言して、『古事記』、『日本書紀』、そして『万葉集』を挙げてましたが、本当に『万葉集』から採用されましたね。

石平　これには驚くとともに嬉《うれ》しくて感動しました。これまでのように中国古典ではなく日本古典からというのがいい。歴史に残る、画期的な新年号の制定だと思います。

元号のこととなると、中国、朝鮮と日本とを比較してみれば面白い。元号を発明したのは中国だが、いまの中国にはこの伝統はすでにない。朝鮮は中国の属国であるためにずっと中国皇帝の元号を使っていた。唯一日本は、最初から独立国家として自らの元号を使い、そしてこの伝統を現在にまでに受け継いでいます。

これからわれわれは、令和の日本人として生き、この誇り高い国を守って行くという気持ちを新たにしました。

おわりに　「戦後」ではなくすでに戦争は始まっている　渡邉哲也

第一次世界大戦終結から一〇〇年を迎えた二〇一八年十一月十一日、フランス・パリ中心部の凱旋門《がいせんもん》で記念式典が開かれ、大戦に関係した六〇カ国以上の首脳が集まった。この式典の席では表向きの追悼の儀式の裏で、各国の外交的対立が表面化していた。主催国であるフランスのマクロン大統領は式典に先立ち「欧州軍創設」に言及、式典での演説でも「愛国主義はナショナリズムと正反対のものだ。利益が第一で、他はどうでもいいという考えは精神的価値を失う」と式典での演説で暗にアメリカ第一主義を謳うトランプ大統領を批判した。　それに対して、トランプ大統領はツイッターで、マクロン氏がぶち上げた欧州軍構想について「非常に侮辱的だ」と批判した。米国が中心となって形成しているNATO（北大西洋条約機構）を骨抜きにするものと考えたのだろう。

世界大戦から一〇〇年、いま世界は再び大きな転換期を迎えつつある。第一次世界大戦により混乱に陥った欧州は、世界の中心の座を米国に明け渡した。そして、第二次世界大戦末期の一九四四年七月のブレトンウッズ協定で米国は世界の覇権国家の座を確実なものにした。現在の世界金融はこのときにできた金融システムと枠組みのうえで成立し続けているわけだ。そして、戦後処理の過程で東西の冷戦が始まり、世界は大きく分断された。巨大な経済実験の結果、一九八〇年代後半、東側の共産主義社会主義陣営は敗北し、西側の自由主義陣営が勝利した。それから三〇年、世界は大きく様変わりした。鉄のカーテンが消え去ったことでワンワールド化が進み、貧しかった東側諸国が再び大きな力を持ち始めたのであった。

特に膨大な人口を持つ中国の発展は著しいものがあり、国有企業を中心とした開発独裁型経済システムで、西側諸国を凌駕するものになっていったのであった。なかでも、リーマン・ショック後は衰退する先進国と対比する形で中国の躍進は著しいものであった。サブプライム問題に苦しむ米国は世界のさまざまな利権を売却せざるを得なくなり、その後の欧州危機により欧州も同じ苦しみを味わうことになったのである。そして、わが国日本は、「失われた二〇年」によって世界的な地位を失ってゆくことになったわけである。

そんななか、中国は再び世界の中心になろうと、暗躍し始めた。BRICS（ブラジル、ロシア、インド、南アフリカ）、AIIB（アジアインフラ投資銀行）、一帯一路、これはすべて米国が中心となったこれまでの世界秩序に対抗するものであり、海軍の増強や南シナ海の人工島などは、補強するための武力装置といってよい。それに対して、米国はこのたくらみを潰すために、米中貿易戦争を仕掛けたわけである。ファーウェイがその典型であるが、世界各国に対して、米国は米国を選ぶのか、中国を選ぶのか踏み絵を踏ませ、機能不全に陥った現在の国連に変わる新たな国連体制の構築にまで言及し始めている。

それに対して中国は「札びら外交」を展開し、世界の弱小国を手に入れ、ブレグジットと欧州危機の後遺症に苦しむ欧州各国に揺さぶりをかけているのである。民主主義国の欠点は選挙が政治体制を決めることであり、国家の超長期的戦略よりも目先の経済が優先されることにある。経済が悪くなれば、政権は否定されてしまい、権力の座から引きずり降ろされてしまう。欧州では、ユーロによる各国の自由な金融政策の否定と財政赤字は

GDPの三%に抑えるというルールにより、貧しいEU各国はインフラの維持すらままならない状態になっており、ここに中国は目を付けたのである。破綻したギリシャのピレウス港の権利を手に入れた中国は、イタリアの二つの重要港をカネで手に入れたわけである。また、一帯一路という餡で欧州を分断させ自らの陣営に引きずり込もうとしているのはいうまでもない。

基本的に中国など独裁国家は、選挙のような短期的民意により政治体制が変わることはない。このため、中長期的な国家戦略が立てやすく、経済的な裏付けさえあれば、投資が必要な部分に迅速に資源を集中投下し、国家の経済構造を変えることも可能である。これが計画経済の優れた部分であり、われわれ民主主義諸国にとってもっとも厄介な部分であるといえる。したがって、このたくらみを潰すには「経済的な裏付け」を潰す必要があり、それが現在の米中貿易戦争であるといえる。

ここでもっとも大切なものはわが国である。失われた二〇年を経過してもなお、西側第二の人口と経済を持つ先進国であり、世界に誇る歴史と文化を持つ国でもある。そして、周知のように二〇一九年から二〇二〇年にかけてはご譲位、G20、ラグビーワールドカップ、オリンピックと世界の外交の中心になるわけである。すなわち、この選択が次の一〇〇年のわが国の将来を決める大きなきっかけになる可能性も高い。日本は海洋国家であり、中国などの大陸的価値観とは相いれない。また、多くの日本人は自由や人権をもっとも大切な価値観と考えている。つまり、日本には米国を選ぶという選択肢しかないのである。ならば、米国などとの国際協調を拡大し、他国との連携を強化し、陣営拡大に動くのが正しい選択であるといえる。

もう間もなく令和が始まる。平成の時代はデフレの時代であり、成長を捨てて平に成った時代であった。

令和の解釈については様々あるが、令には「美しい」と「律と共に根本をなしたおきて」という意味がある。そして、和には「互いに気が合う。なかよくする。争わない」という意味がある。

「法による秩序ある支配」による「平和」それこそがもっとも望ましい政治形態といえるのだろう。

すでに、戦後ではなく戦争は始まっている。だからこそ、「和」を求める我が国の役割は大きいのだ。

最後にこの対談を提案頂いた石平さんに感謝するとともに、いつもインターネットなどを通じて情報を提供くださる皆様、読者の皆さまに御礼申し上げます。

ありがとうございます。これからもよろしくお願いいたします。

[略歴]

石平（せき・へい）

評論家

1962年、中国四川省成都市生まれ。80年、北京大学哲学部に入学後、中国民主化運動に傾倒。84年、同大学を卒業後、四川大学講師を経て、88年に来日。95年、神戸大学大学院文化学研究科博士課程を修了し、民間研究機関に勤務。2002年より執筆活動に入り、07年に日本国籍を取得。14年『なぜ中国から離れると日本はうまくいくのか』（PHP新書）で第23回山本七平賞を受賞。主な著書に『アメリカの本気を見誤り、中国を「地獄」へ導く習近平の狂気』『私たちは中国を世界で一番幸せな国だと思っていた』（ビジネス社）、『私はなぜ「中国」を捨てたのか』（ワック）など多数。

渡邉哲也（わたなべ・てつや）

作家・経済評論家

1969年生まれ。日本大学法学部経営法学科卒業。貿易会社に勤務した後、独立。複数の企業運営に携わる。インターネット上での欧米経済、アジア経済などの評論が話題となり、2009年に出版した『本当にヤバイ！　欧州経済』（彩図社）がベストセラーとなる。内外の経済・政治情勢のリサーチ分析に定評があり、様々な政策立案の支援から、雑誌の企画・監修まで幅広く活動を行う。主な著書に『ＧＡＦＡ vs. 中国』『余命半年の中国経済』『２０１９年大分断する世界』（以上、ビジネス社）、『ゴーン・ショック！』（徳間書店）、『あと5年で銀行は半分以下になる』（PHP研究所）など多数。

習近平がゾンビ中国経済にトドメを刺す時

2019年5月12日　　第1刷発行

著　者　石平　渡邉哲也

発行者　唐津 隆

発行所　株式会社ビジネス社

〒162-0805　東京都新宿区矢来町114番地 神楽坂高橋ビル5F
電話　03(5227)1602　FAX　03(5227)1603
http://www.business-sha.co.jp

〈装幀〉中村聡　〈本文組版〉エムアンドケイ　茂呂田剛
〈印刷・製本〉中央精版印刷株式会社
〈編集担当〉佐藤春生　〈営業担当〉山口健志

ISBN978-4-8284-2097-4